RANJOT SINGH CHAHAL

Toda Sobre Bitcoin

Desde su Valor hasta su Impacto Global

Contents

1

Entendiendo las criptomonedas

1.1 ¿Qué es Bitcoin?

Bitcoin es una de las criptomonedas más conocidas y utilizadas del mundo. Fue creado en 2009 por una persona anónima o un grupo de personas utilizando el seudónimo de Satoshi Nakamoto. Bitcoin es una moneda digital descentralizada que opera en una red peer-to-peer sin la necesidad de una autoridad central como un gobierno o una institución financiera. Se basa en principios criptográficos que lo hacen seguro y resistente a la falsificación.

Bitcoin se puede utilizar para diversos fines, incluida la inversión en transacciones en línea o como reserva de valor. Las transacciones de Bitcoin se registran en un libro de contabilidad público llamado blockchain, que garantiza transparencia y seguridad. Bitcoin se puede adquirir comprándolo mediante minería de intercambios (el proceso de validar transacciones y agregarlas a la cadena de bloques o como pago por bienes y servicios).

1.2 Breve historia de Bitcoin

La historia de Bitcoin está llena de hitos y eventos importantes que han dado forma a su crecimiento y adopción. A continuación se muestran algunos aspectos clave:

- 2008: El concepto de Bitcoin se introdujo en el documento técnico de Satoshi Nakamoto titulado "Bitcoin: un sistema de efectivo electrónico entre pares".

- 2009: Nakamoto extrajo el primer bloque de Bitcoin conocido como Bloque Génesis, marcando la creación de la red Bitcoin. El valor de Bitcoin fue inicialmente insignificante y fueron principalmente entusiastas individuales y primeros usuarios quienes comenzaron a usarlo.

- 2010: Bitcoin obtuvo su primera valoración notable cuando un usuario intercambió 10.000 bitcoins por dos pizzas en lo que se conoció como el "Día de la Pizza Bitcoin". Esta transacción destacó el concepto de utilizar Bitcoin como medio de intercambio.

- 2011: Bitcoin recibió una importante atención de los medios y experimentó su primer aumento importante de precio, alcanzando un máximo de 31 dólares por bitcoin. Sin embargo, también enfrentó preocupaciones de seguridad y publicidad negativa debido a incidentes como el pirateo del intercambio Mt. Gox.

- 2013: Bitcoin entró en una fase de intenso crecimiento alcanzando un precio máximo de más de 1.000 dólares. Esto fue impulsado por una mayor cobertura mediática, la creciente aceptación por parte de los comerciantes y la entrada de inversores institucionales.

- 2017: Bitcoin fue testigo de su aumento de precios más dramático hasta la fecha, alcanzando casi $20000 por bitcoin. Esto atrajo la atención generalizada y despertó un interés global en las criptomonedas y la tecnología blockchain.

- 2020: Bitcoin ganó mayor reconocimiento como cobertura contra las incertidumbres económicas, con inversores institucionales y empresas como MicroStrategy y Tesla invirtiendo fuertemente en la criptomoneda.

1.3 Otras Criptomonedas

Bitcoin allanó el camino para el desarrollo de otras criptomonedas conocidas como altcoins (monedas alternativas). A continuación se muestran algunos ejemplos de otras criptomonedas importantes:

- Ethereum (ETH): Lanzada en 2015, Ethereum es una plataforma descentralizada que permite a los desarrolladores crear e implementar contratos inteligentes y aplicaciones descentralizadas (dapps). Ether (ETH) es su criptomoneda nativa.

- Ripple (XRP): Ripple es a la vez una criptomoneda y un protocolo de pago digital. Su objetivo es proporcionar transferencias de dinero internacionales rápidas y de bajo costo utilizando la tecnología blockchain.

- Litecoin (LTC): Creado en 2011, a menudo se hace referencia a

Litecoin como la "plata" del "oro" de Bitcoin. Ofrece tiempos de confirmación de transacciones más rápidos y un algoritmo hash diferente.

- Bitcoin Cash (BCH): Bitcoin Cash es el resultado de una bifurcación dura de Bitcoin en 2017. Su objetivo es abordar algunos de los problemas de escalabilidad de Bitcoin aumentando el tamaño del bloque.

- Cardano (ADA): Cardano es una plataforma blockchain que tiene como objetivo proporcionar una infraestructura segura y escalable para el desarrollo de aplicaciones descentralizadas. ADA es su criptomoneda nativa.

Estos son sólo algunos ejemplos entre las miles de criptomonedas disponibles en la actualidad. Cada criptomoneda a menudo tiene un propósito específico o apunta a un nicho diferente, brindando una variedad de opciones para aquellos interesados en participar en el ecosistema de moneda digital.

1.4 Tecnología de cadena de bloques

La tecnología Blockchain es una innovación fundamental que sustenta el funcionamiento de criptomonedas como Bitcoin. Una cadena de bloques es un libro de contabilidad digital descentralizado y distribuido que registra transacciones en múltiples computadoras o nodos. Estas son las características clave de la tecnología blockchain:

- Descentralización: la cadena de bloques opera en una red de igual a igual, eliminando la necesidad de una autoridad central. Esto lo hace resistente a puntos únicos de falla y censura a medida que múltiples participantes verifican y registran las transacciones.

- Transparencia: todo el historial de transacciones se almacena en la cadena de bloques y cualquiera puede verlo. Esta transparencia garantiza la rendición de cuentas y desalienta las actividades fraudulentas.

- Seguridad: las transacciones en blockchain se protegen mediante algoritmos criptográficos. Una vez que una transacción se registra en la cadena de bloques, se vuelve inmutable y a prueba de manipulaciones, lo que la hace altamente segura.

- Mecanismos de consenso: las redes Blockchain se basan en mecanismos de consenso para validar las transacciones y agregarlas al libro mayor. Existen varios protocolos de consenso, como Prueba de trabajo (PoW) y Prueba de participación (PoS), que garantizan la precisión e integridad de la cadena de bloques.

- Contratos inteligentes: Los contratos inteligentes son contratos autoejecutables con reglas predefinidas escritas en código. Automatizan la ejecución de acuerdos y transacciones eliminando la necesidad de intermediarios.

Las posibles aplicaciones de la tecnología blockchain se extienden más allá de las criptomonedas. Se puede utilizar en diversas industrias, como la gestión de la cadena de suministro, la financiación de la atención sanitaria y los sistemas de votación. La tecnología Blockchain puede mejorar la transparencia, agilizar los procesos, reducir costos y aumentar la confianza y la seguridad en diversos sectores.

1.5 Ventajas y desventajas de las criptomonedas

Las criptomonedas ofrecen varias ventajas, pero también tienen sus desventajas. Explorémoslos en detalle:

Ventajas:

- Descentralización: las criptomonedas operan en redes descentralizadas, lo que reduce la dependencia de las autoridades centrales y permite transacciones entre pares. Esto promueve la inclusión financiera y permite a las personas tener control total de su dinero.

- Seguridad: Las criptomonedas utilizan algoritmos criptográficos que hacen que las transacciones sean altamente seguras. La naturaleza descentralizada de la tecnología blockchain también mitiga el riesgo de piratería informática y fraude.

- Anonimato: si bien no todas las criptomonedas ofrecen un anonimato completo, a menudo proporcionan un nivel de seudonimato que permite a los usuarios mantener la privacidad. Esto puede resultar beneficioso en regiones con regulaciones financieras estrictas o jurisdicciones con preocupaciones sobre la privacidad.

- Accesibilidad: cualquier persona con una conexión a Internet puede acceder a las criptomonedas, independientemente de su ubicación, estado bancario o identidad. Esto puede empoderar a la población no bancarizada para participar en la economía global.

- Potencial de altos rendimientos: las criptomonedas tienen el potencial de generar altos rendimientos de la inversión.

Los primeros inversores en Bitcoin, por ejemplo, han visto ganancias significativas a lo largo de los años.

Desventajas:

- Volatilidad: Las criptomonedas son conocidas por la volatilidad de sus precios. Las rápidas fluctuaciones de precios pueden generar ganancias o pérdidas significativas en un período corto. Esta volatilidad puede hacer que las criptomonedas sean riesgosas e inadecuadas para personas con aversión al riesgo.

- Incertidumbre regulatoria: el panorama regulatorio de las criptomonedas aún está evolucionando en muchas jurisdicciones. Esta incertidumbre puede dar lugar a regulaciones contradictorias que dificulten la navegación en este espacio para empresas e individuos.

- Falta de protección al consumidor: a diferencia de los sistemas financieros tradicionales, las criptomonedas a menudo carecen del mismo nivel de medidas de protección al consumidor. Pueden ocurrir fraudes y robos y puede haber recursos limitados para las personas afectadas.

- Consumo de energía: algunas criptomonedas, como Bitcoin, requieren una potencia computacional sustancial, lo que genera un alto consumo de energía. Esto ha generado preocupaciones sobre la sostenibilidad ambiental de las criptomonedas.

- Limitaciones de escalabilidad: a medida que las criptomonedas ganan popularidad, la escalabilidad se convierte en un desafío importante. Bitcoin, por ejemplo, ha enfrentado problemas de escalabilidad que han resultado en tiempos de procesamiento de transacciones más lentos y tarifas más altas durante los períodos pico.

En conclusión, las criptomonedas, especialmente Bitcoin, han revolucionado la industria financiera al introducir un sistema de moneda digital descentralizado y seguro. Junto con Bitcoin, han surgido muchas otras criptomonedas y aplicaciones blockchain. Si bien las criptomonedas ofrecen ventajas como la seguridad descentralizada y la accesibilidad, también conllevan desventajas que incluyen la volatilidad, la incertidumbre regulatoria y los problemas de escalabilidad. A medida que la tecnología continúa evolucionando, es esencial sopesar los beneficios y los inconvenientes para tomar decisiones informadas sobre el uso y la inversión en criptomonedas.

2

Factores que influyen en el valor de Bitcoin

El valor de Bitcoin está influenciado por una multitud de factores, con la dinámica de la oferta y la demanda a la vanguardia. El sentimiento del mercado juega un papel fundamental: las noticias positivas y el optimismo generalizado hacen subir el precio, mientras que el sentimiento negativo puede provocar fuertes caídas. Los cambios regulatorios y las intervenciones gubernamentales también ejercen una influencia significativa, ya que los cambios en las leyes y políticas pueden afectar la confianza de los inversores y la estabilidad del mercado. Además, factores macroeconómicos como la inflación, las crisis económicas y los eventos geopolíticos pueden afectar el valor percibido de Bitcoin como reserva de valor y protección contra los riesgos financieros tradicionales. Por último, los avances tecnológicos, la seguridad de la red y las tendencias de adopción contribuyen aún más al complejo ecosistema que da forma al valor de Bitcoin en el mercado de las criptomonedas en constante evolución.

2.1 Oferta y Demanda:

La dinámica de la oferta y la demanda juega un papel importante en la determinación del valor de Bitcoin. Bitcoin tiene un suministro limitado con un total de 21 millones de monedas que alguna vez pueden existir. Esta escasez contribuye a su valor, ya que crea una sensación de oro digital. La velocidad a la que se crean nuevas monedas, conocida como reducción a la mitad de Bitcoin, reduce la oferta con el tiempo y puede influir en el precio.

De manera similar, la demanda de Bitcoin está impulsada por varios factores. A medida que más personas reconocen el potencial de Bitcoin como reserva de valor o medio de intercambio, la demanda aumenta. Factores como la creciente adopción institucional, las incertidumbres económicas globales y las preocupaciones sobre la inflación pueden impulsar una mayor demanda de Bitcoin, lo que puede provocar una apreciación de los precios.

2.2 Sentimiento del mercado y especulación:

El sentimiento y la especulación en el mercado pueden afectar significativamente el valor de Bitcoin. Bitcoin es conocido por la volatilidad de sus precios, que a menudo atrae a comerciantes, inversores y especuladores. Las noticias o anuncios positivos relacionados con Bitcoin, como que grandes corporaciones o inversores notables apoyen o inviertan públicamente en Bitcoin, pueden crear un sentimiento positivo en el mercado, aumentando la demanda y haciendo subir los precios. Por el contrario, las noticias negativas, como medidas enérgicas regulatorias o violaciones de seguridad, pueden inducir miedo y hacer que los precios bajen.

Además, la especulación también influye en el valor de Bitcoin. Los comerciantes e inversores especulan comprando o vendiendo Bitcoin en función de sus expectativas sobre los movimientos futuros de los precios. Las actividades especulativas pueden introducir volatilidad adicional en el mercado a medida que los comerciantes reaccionan ante las oportunidades percibidas de ganancias.

2.3 Adopción y casos de uso:

La adopción de Bitcoin como medio de intercambio y sus casos de uso en diversas industrias pueden influir en su valor. Cuando más empresas y comerciantes aceptan Bitcoin como forma de pago, aumenta la utilidad y la demanda de la criptomoneda. Esta mayor adopción puede contribuir a la apreciación del valor de Bitcoin a medida que sea más aceptado y reconocido como una alternativa viable a las monedas tradicionales.

Además, la aparición de casos de uso y aplicaciones innovadores creados sobre la cadena de bloques de Bitcoin también puede afectar su valor. Por ejemplo, el desarrollo de plataformas de finanzas descentralizadas (DeFi) o tokens no fungibles (NFT) que utilizan la red Bitcoin puede atraer a más usuarios y aumentar la demanda de Bitcoin.

2.4 Entorno regulatorio:

El entorno regulatorio, tanto a nivel nacional como internacional, puede tener un impacto significativo en el valor de Bitcoin. Los gobiernos y los organismos reguladores tienen diferentes posturas sobre las criptomonedas y cualquier desarrollo o cambio regulatorio puede influir en el sentimiento y la adopción del mercado.

Medidas regulatorias positivas, como el reconocimiento de Bitcoin como método de pago legal o la introducción de directrices claras para las empresas de criptomonedas, pueden aumentar la confianza en el mercado y atraer inversores institucionales. Por el contrario, las acciones regulatorias negativas, como prohibiciones o regulaciones más estrictas, pueden crear incertidumbre y obstaculizar la aceptación y el uso generalizados de Bitcoin, lo que podría conducir a una disminución de su valor.

2.5 Factores Económicos y Geopolíticos:

Los factores económicos y geopolíticos también pueden afectar el valor de Bitcoin. En tiempos de inestabilidad económica o hiperinflación, las personas y las instituciones pueden recurrir a Bitcoin como protección contra las monedas fiduciarias tradicionales. Por ejemplo, durante la pandemia de COVID-19, la economía mundial experimentó importantes turbulencias y las medidas de estímulo monetario sin precedentes adoptadas por los bancos centrales generaron preocupaciones sobre la inflación. Estos factores llevaron a un mayor interés en Bitcoin como reserva de valor que contribuyó a la apreciación de su precio.

Los acontecimientos geopolíticos como las guerras comerciales, las tensiones políticas o las sanciones económicas también pueden afectar el valor de Bitcoin. En regiones donde existen restricciones al movimiento de capital o falta de confianza en los sistemas financieros tradicionales, las personas pueden recurrir a Bitcoin como un medio para sortear estas limitaciones. Como resultado, la demanda de Bitcoin puede aumentar y provocar un aumento de su valor.

En conclusión, el valor de Bitcoin está influenciado por una variedad de factores. La dinámica de la oferta y la demanda, el sentimiento del mercado y la especulación, la adopción y los casos de uso, el entorno regulatorio y los factores económicos y geopolíticos desempeñan un papel en la determinación del valor de la criptomoneda. Comprender estos factores y su interacción es crucial para cualquier persona interesada en invertir o participar en el mercado de Bitcoin.

3

Bitcoin como reserva de valor

El papel de Bitcoin como depósito de valor es multifacético y está influenciado por varios factores. Su escasez, con un suministro limitado de 21 millones de monedas, crea una narrativa atractiva similar al oro digital, que atrae a inversores que buscan una cobertura contra la inflación y los riesgos financieros tradicionales. El sentimiento del mercado también juega un papel fundamental, ya que la confianza en las propiedades de valor de Bitcoin puede impulsar la demanda y la apreciación de los precios. Los avances regulatorios y la adopción institucional también son críticos, ya que validan la legitimidad de Bitcoin como depósito de riqueza a largo plazo. Además, la seguridad de la red y los avances tecnológicos refuerzan su credibilidad como depósito de valor seguro y resistente en la era digital, mientras que las tendencias de adopción en curso contribuyen a la evolución de su estatus en el panorama financiero más amplio.

3.1 Oro digital: Bitcoin frente a activos tradicionales

A menudo se hace referencia a Bitcoin como oro digital debido a sus similitudes con los activos tradicionales utilizados como depósitos de valor, como el oro. Tanto el oro como el Bitcoin comparten ciertas características que los hacen atractivos como inversión a largo plazo y como cobertura contra las incertidumbres económicas.

Una similitud es la escasez. El oro tiene una oferta limitada en la corteza terrestre y el ritmo de su extracción es relativamente estable. De manera similar, Bitcoin tiene un suministro limitado de 21 millones de monedas con un calendario de emisión predeterminado. Esta oferta limitada hace que ambos activos sean resistentes a las presiones inflacionarias.

Otra similitud es su naturaleza descentralizada. El oro no está controlado por ninguna autoridad central o gobierno, mientras que Bitcoin opera en una red descentralizada llamada blockchain. La naturaleza descentralizada tanto del oro como del Bitcoin ofrece una alternativa a las monedas fiduciarias tradicionales que están sujetas al control y manipulación del gobierno.

Ambos activos también pueden ser fácilmente divisibles y transportables. El oro se puede fundir y dividir en trozos más pequeños, mientras que Bitcoin se puede dividir en pequeñas unidades llamadas satoshis. Además, Bitcoin se puede enviar o almacenar digitalmente, lo que facilita la transferencia y el almacenamiento, especialmente en la era digital.

Al comparar Bitcoin con activos tradicionales como acciones y bonos, una diferencia clave es su correlación con otros mercados. Los activos tradicionales suelen estar vinculados al desempeño de las economías globales y pueden verse afectados por factores como las tasas de interés, las políticas gubernamentales y el sentimiento del mercado. Bitcoin, por otro lado, ha mostrado una correlación limitada con los activos tradicionales, lo que lo convierte en una herramienta potencial de diversificación en una cartera de inversiones.

Por ejemplo, durante la crisis financiera de 2008, muchos activos tradicionales experimentaron caídas significativas. Sin embargo, Bitcoin todavía estaba en sus primeras etapas en ese momento y aún tenía que establecerse como una reserva de valor. En años más recientes, Bitcoin ha demostrado su capacidad para actuar independientemente de los mercados tradicionales, proporcionando a los inversores una clase de activo alternativa que puede tener un rendimiento diferente durante las crisis del mercado.

3.2 Cobertura de inflación

Una de las razones clave por las que Bitcoin se considera una reserva de valor es su potencial como cobertura contra la inflación. La inflación se refiere al aumento del nivel general de precios de bienes y servicios a lo largo del tiempo, lo que erosiona el poder adquisitivo de las monedas fiduciarias. Cuando se produce inflación, el valor de la moneda tradicional disminuye, haciéndola menos eficaz como reserva de valor.

Bitcoin, con su oferta limitada y su naturaleza descentralizada, ofrece una forma alternativa de moneda resistente a la inflación. El suministro máximo de 21 millones de monedas garantiza que se emitan nuevos Bitcoins a un ritmo decreciente y se espera que la moneda final se extraiga alrededor del año 2140. Esta característica de escasez protege su valor contra la posible degradación de las monedas fiduciarias debido a las políticas inflacionarias.

En tiempos de volatilidad económica e incertidumbre, los inversores suelen buscar activos que puedan conservar o aumentar su valor. La oferta limitada de Bitcoin y su naturaleza descentralizada lo convierten en una opción atractiva para quienes buscan protegerse contra presiones inflacionarias o crisis económicas.

Por ejemplo, en países que experimentan hiperinflación como Venezuela y Zimbabwe, los ciudadanos han recurrido a Bitcoin como una posible solución. Al convertir su moneda local en Bitcoin, pueden proteger su riqueza de la rápida devaluación de su moneda fiduciaria.

3.3 Oferta limitada de Bitcoin

Uno de los factores clave que hacen de Bitcoin una reserva de valor es su oferta limitada. Como se mencionó anteriormente, solo existirán 21 millones de Bitcoins con un calendario de emisión predeterminado. Esta oferta limitada crea una escasez similar a la del oro y potencialmente puede aumentar su valor con el tiempo.

La emisión de nuevos Bitcoins se produce mediante un proceso llamado minería. Los mineros utilizan hardware especializado para resolver problemas matemáticos complejos y, a cambio, son recompensados con Bitcoins recién acuñados. Sin embargo, la cantidad de nuevos Bitcoins emitidos disminuye con el tiempo después de un evento de reducción a la mitad que ocurre aproximadamente cada cuatro años.

Este evento de reducción a la mitad reduce a la mitad la recompensa en bloque que reciben los mineros. En los primeros días de Bitcoin, la recompensa por bloque era de 50 Bitcoins, pero desde entonces se ha reducido a 6,25 Bitcoins por bloque. La tasa de emisión decreciente actúa como un mecanismo para controlar la tasa a la que ingresan nuevos Bitcoins al mercado, lo que en última instancia conduce a una oferta finita.

La oferta limitada de Bitcoin crea escasez y potencialmente puede aumentar su valor con el tiempo. Esto contrasta con las monedas fiduciarias tradicionales que los bancos centrales pueden imprimir para satisfacer las demandas económicas. La capacidad de acuñar nuevos Bitcoins es fija y no puede ser influenciada por ninguna autoridad central, lo que la hace inmune a la manipulación y las presiones inflacionarias.

3.4 Seguridad y Audibilidad

Otro aspecto que refuerza el papel de Bitcoin como depósito de valor es su seguridad y audibilidad. Bitcoin opera en una red descentralizada llamada blockchain que sirve como un libro de contabilidad público que contiene todo el historial de transacciones.

La cadena de bloques proporciona transparencia e inmutabilidad, lo que garantiza que las transacciones no puedan modificarse ni revertirse una vez registradas. Esta característica mejora la confiabilidad de Bitcoin como depósito de valor, ya que elimina la necesidad de intermediarios y garantiza la integridad del historial de transacciones.

Además, la seguridad de Bitcoin se mantiene mediante técnicas criptográficas como la criptografía de clave pública. Cada dirección de Bitcoin está asociada con un par único de claves criptográficas: una clave pública y una clave privada. El propietario de la dirección de Bitcoin mantiene en secreto la clave privada y se utiliza para firmar transacciones, mientras que la clave pública se utiliza para verificar la autenticidad de las transacciones.

El uso de claves criptográficas hace que Bitcoin sea altamente seguro contra el acceso no autorizado o la manipulación. Mientras la clave privada permanezca segura, el Bitcoin almacenado en una dirección específica estará a salvo de que nadie más lo gaste.

Además, la naturaleza descentralizada de la red Bitcoin proporciona mayor seguridad. A diferencia de los sistemas bancarios tradicionales que dependen de un único punto de falla, la red descentralizada garantiza que no exista un único punto de vulnerabilidad. Esto significa que incluso si una parte de la red se ve comprometida, la integridad general del sistema permanece intacta.

En general, la combinación de medidas de seguridad como la tecnología blockchain y las técnicas criptográficas mejoran la capacidad de Bitcoin para servir como una reserva de valor confiable y segura.

En conclusión, Bitcoin está siendo cada vez más reconocido como una reserva de valor debido a sus similitudes con las reservas de valor tradicionales como el oro, su potencial como cobertura contra la inflación, su oferta limitada y sus características de seguridad y audibilidad. La naturaleza descentralizada de Bitcoin, la oferta limitada y la resistencia a la inflación brindan a los inversores una clase de activo alternativa que puede retener o aumentar su valor con el tiempo. Como ocurre con cualquier inversión, es importante realizar una investigación exhaustiva y considerar los riesgos asociados con Bitcoin antes de tomar cualquier decisión de inversión.

4

Bitcoin como medio de intercambio

La función de Bitcoin como medio de intercambio está influenciada por una variedad de factores. Su naturaleza descentralizada y accesibilidad global lo convierten en una opción atractiva para transacciones transfronterizas, reduciendo potencialmente los costos y demoras de las transacciones. La escalabilidad de la red Bitcoin, incluida su velocidad de procesamiento y sus tarifas, desempeña un papel vital a la hora de determinar su eficiencia como medio de intercambio. Los marcos regulatorios y la aceptación gubernamental pueden facilitar u obstaculizar su adopción para las transacciones cotidianas, mientras que el sentimiento del mercado y la aceptación de los comerciantes también afectan su uso. Además, los avances en curso en la tecnología blockchain y las soluciones de capa dos como Lightning Network contribuyen al potencial de Bitcoin para servir como un medio práctico de intercambio, aunque aún es necesario abordar desafíos como la volatilidad de los precios para una adopción generalizada en esta función.

4.1 Adopción comercial

La adopción comercial se refiere a la aceptación de Bitcoin por parte de las empresas como método de pago de bienes y servicios. Para que Bitcoin funcione eficazmente como medio de intercambio, debe ser ampliamente aceptado por los comerciantes.

A lo largo de los años, la adopción de Bitcoin por parte de los comerciantes ha crecido significativamente. Muchas empresas, tanto en línea como fuera de línea, han comenzado a aceptar Bitcoin como opción de pago junto con los métodos de pago tradicionales. Esto es particularmente cierto en industrias como las de viajes de comercio electrónico y empresas basadas en servicios.

Una de las ventajas clave para los comerciantes al aceptar Bitcoin es la reducción de las tarifas de transacción en comparación con los procesadores de pagos tradicionales. Las transacciones de Bitcoin generalmente tienen tarifas más bajas, especialmente para pagos transfronterizos. Esto puede resultar beneficioso para las empresas, especialmente aquellas con clientes o proveedores internacionales.

Otra ventaja para los comerciantes es la eliminación de las devoluciones de cargo. Las devoluciones de cargo ocurren cuando los clientes disputan una transacción y los fondos se retiran del comerciante. Las transacciones de Bitcoin son irreversibles, lo que las hace inmunes a las devoluciones de cargo. Esto reduce el riesgo para los comerciantes, especialmente en industrias con una mayor incidencia de devoluciones de cargo fraudulentas.

La adopción de Bitcoin por parte de los comerciantes también puede brindar a las empresas una ventaja de marketing. Al aceptar Bitcoin, las empresas pueden atender a un nicho de mercado de usuarios de Bitcoin que prefieren utilizar sus activos digitales para transacciones. Esto puede atraer nuevos clientes que buscan específicamente gastar su Bitcoin. Además, aceptar Bitcoin puede verse como una señal de innovación tecnológica y visión de futuro que puede atraer a clientes expertos en tecnología.

4.2 Procesadores de pago y billeteras

Para facilitar las transacciones de Bitcoin, los procesadores de pagos y las billeteras han surgido como intermediarios entre comerciantes y consumidores. Estos servicios facilitan a los comerciantes aceptar pagos de Bitcoin y a los consumidores realizar transacciones con Bitcoin.

Los procesadores de pagos actúan como intermediarios proporcionando las herramientas y la infraestructura necesarias para que los comerciantes acepten pagos de Bitcoin. Se encargan de los aspectos técnicos del procesamiento de transacciones de Bitcoin y las convierten a la moneda local si el comerciante lo desea. Algunos procesadores de pagos de Bitcoin populares incluyen BitPay CoinGate y Coinbase Commerce.

Las billeteras, por otro lado, son billeteras digitales que permiten a los usuarios almacenar, enviar y recibir Bitcoin. Similar a una billetera física, una billetera Bitcoin es una aplicación de software que almacena de forma segura las claves privadas del usuario que se utilizan para acceder y controlar su Bitcoin. Las billeteras vienen en varias formas, incluidas billeteras móviles, billeteras de escritorio y billeteras de hardware.

Los procesadores de pagos a menudo se integran con billeteras, lo que permite a los usuarios realizar pagos directamente desde sus billeteras Bitcoin. Esta perfecta integración hace que sea conveniente para los consumidores gastar sus Bitcoin en los comerciantes participantes.

4.3 Transacciones de Bitcoin: velocidad y costo

La velocidad y el costo de las transacciones de Bitcoin son factores críticos para determinar su viabilidad como medio de intercambio. Exploremos cómo funcionan las transacciones de Bitcoin y cómo se comparan con los métodos de pago tradicionales.

Cuando se inicia una transacción de Bitcoin, se transmite a toda la red de participantes. Los mineros que se encargan de validar y confirmar las transacciones incluyen la transacción en un nuevo bloque de la cadena de bloques. Este proceso de confirmación puede llevar algún tiempo, especialmente durante períodos de alta congestión de la red.

La velocidad de las transacciones de Bitcoin también depende de la tarifa de transacción pagada por el remitente. Los mineros dan prioridad a las transacciones con tarifas más altas, por lo que incluir una tarifa más alta puede acelerar el proceso de confirmación. Sin embargo, vale la pena señalar que incluso con una tarifa alta, las transacciones de Bitcoin pueden tardar varios minutos en confirmarse.

En términos de costo, las transacciones de Bitcoin generalmente tienen tarifas más bajas en comparación con los métodos de pago tradicionales, especialmente para las transacciones transfronterizas. Los procesadores de pagos tradicionales suelen cobrar una tarifa porcentual por cada transacción, lo que puede ser significativo para transacciones grandes o frecuentes. Por otro lado, las tarifas de transacción de Bitcoin suelen ser una cantidad fija basada en el tamaño de la transacción en bytes.

Sin embargo, es importante considerar la volatilidad del tipo de cambio de Bitcoin al evaluar el costo de las transacciones de Bitcoin. Dado que el valor de Bitcoin puede fluctuar considerablemente, las empresas y los consumidores deben tener en cuenta las posibles variaciones de precios al realizar transacciones con Bitcoin.

4.4 Transacciones Transfronterizas

Un área en la que Bitcoin brilla como medio de intercambio son las transacciones transfronterizas. Las transacciones transfronterizas tradicionales pueden ser complejas, costosas y consumir mucho tiempo debido a la participación de bancos intermediarios y múltiples conversiones de divisas.

Bitcoin elimina la necesidad de intermediarios en transacciones transfronterizas. Dado que Bitcoin opera en una red descentralizada, las transacciones se pueden realizar directamente entre las partes sin la participación de los sistemas bancarios tradicionales. Esto reduce la complejidad y el costo asociados con los pagos transfronterizos.

Con Bitcoin, las transacciones transfronterizas también pueden ser más rápidas en comparación con los métodos tradicionales.

La velocidad a la que se procesan las transacciones de Bitcoin no se ve afectada por fronteras ni zonas horarias, lo que significa que los pagos se pueden realizar y recibir instantáneamente independientemente de la distancia entre el remitente y el receptor.

Además, las tarifas de transacción más bajas de Bitcoin pueden convertirlo en una solución más rentable para pagos transfronterizos. Los procesadores de pagos tradicionales suelen cobrar tarifas elevadas por las transacciones internacionales, incluidas tarifas de cambio de divisas y tarifas de intermediario. Por otro lado, las transacciones de Bitcoin suelen tener tarifas fijas más bajas, lo que las hace más asequibles para las transferencias transfronterizas.

4.5 El papel de Bitcoin en la inclusión financiera

La inclusión financiera se refiere a la accesibilidad y disponibilidad de servicios financieros para personas que tradicionalmente están desatendidas por el sistema bancario. Bitcoin tiene el potencial de desempeñar un papel importante en la mejora de la inclusión financiera, especialmente en regiones donde el acceso a los servicios bancarios es limitado.

Bitcoin permite a las personas tener control total sobre sus finanzas sin la necesidad de una cuenta bancaria tradicional. Todo lo que se requiere es acceso a Internet y una billetera Bitcoin. Esta accesibilidad permite a las personas que no cuentan con servicios bancarios o que no cuentan con servicios bancarios suficientes participar en la economía global, participar en el comercio y almacenar valor.

En países con economías inestables o monedas inflacionarias, Bitcoin puede proporcionar una alternativa estable para que las personas preserven su riqueza. Al almacenar sus fondos en Bitcoin, los individuos pueden protegerse de la devaluación de su moneda nacional.

Las remesas, que son transferencias transfronterizas de dinero de los migrantes a sus países de origen, son otra área en la que Bitcoin puede mejorar la inclusión financiera. Los servicios de remesas tradicionales suelen ser costosos, con tarifas elevadas y tiempos de procesamiento lentos. Bitcoin puede agilizar el proceso de envío de remesas al permitir transferencias instantáneas y de bajo costo directamente entre individuos.

Por ejemplo, un trabajador migrante que gana Bitcoin en un país puede enviar Bitcoin a su familia en casa, quien luego puede convertirlo a la moneda local o usarlo para realizar compras. Esto elimina la necesidad de intermediarios costosos y proporciona una manera más eficiente para que los fondos lleguen a sus destinatarios previstos.

Sin embargo, vale la pena señalar que la adopción de Bitcoin y su impacto en la inclusión financiera aún son limitados en algunas áreas. Las barreras a la adopción, como los requisitos de infraestructura, la alfabetización tecnológica y los desafíos regulatorios, pueden obstaculizar el uso generalizado de Bitcoin como medio de intercambio, especialmente en las economías en desarrollo. No obstante, la tecnología y los principios subyacentes detrás de Bitcoin son prometedores para mejorar la inclusión financiera en el futuro.

En conclusión, Bitcoin se ha convertido en un medio de intercambio viable con una creciente adopción por parte de los comerciantes de procesadores de pagos que facilitan las transacciones y billeteras que brindan capacidades de almacenamiento y transferencia. Las transacciones de Bitcoin ofrecen ventajas como tarifas más bajas, eliminación de devoluciones de cargo y transferencias transfronterizas más rápidas. Además, Bitcoin tiene el potencial de mejorar la inclusión financiera al brindar a las personas acceso a servicios financieros y facilitar remesas de bajo costo. Si bien la adopción y aceptación de Bitcoin aún enfrenta desafíos, su uso como medio de intercambio es prometedor para el futuro del comercio global.

5

Evaluación de Bitcoin como inversión

Bitcoin, la primera criptomoneda descentralizada, ha ganado una atención significativa como opción de inversión durante la última década. Como ocurre con cualquier inversión, es esencial evaluar los riesgos y recompensas potenciales asociados con la inversión en Bitcoin. En esta sección exploraremos varios factores a considerar al evaluar Bitcoin como una inversión, incluido el análisis de riesgo versus recompensa, la diversificación de la cartera, el análisis fundamental y el análisis técnico de inversión a largo plazo versus corto plazo.

5.1 Análisis de riesgo versus recompensa

El riesgo y la recompensa son componentes esenciales de cualquier esfuerzo de inversión y evaluar el perfil de riesgo versus recompensa de Bitcoin es crucial. Las características únicas de Bitcoin como moneda digital descentralizada le otorgan tanto recompensas como riesgos potenciales.

Una de las principales recompensas de invertir en Bitcoin

es su potencial para obtener altos rendimientos. Bitcoin ha experimentado una importante apreciación de precios a lo largo de los años y algunos inversores han obtenido beneficios sustanciales. Por ejemplo, desde su precio inicial de unos pocos centavos por moneda en 2010, Bitcoin alcanzó un máximo histórico de casi 65.000 dólares por moneda en abril de 2021.

Sin embargo, Bitcoin también conlleva riesgos inherentes. Un riesgo importante es la volatilidad de sus precios. El precio de Bitcoin puede experimentar fluctuaciones rápidas y dramáticas en períodos cortos. Por ejemplo, en 2017, Bitcoin alcanzó un máximo histórico de casi 20.000 dólares, solo para caer a alrededor de 3.000 dólares en un año. Estas oscilaciones de precios pueden provocar pérdidas sustanciales para los inversores.

Además, Bitcoin sigue siendo una clase de activo relativamente nueva y su futuro es incierto. Los desafíos regulatorios, los avances tecnológicos y la aceptación del mercado son factores que pueden influir en el valor y la sostenibilidad de Bitcoin. Por lo tanto, los inversores deben evaluar cuidadosamente estos riesgos y evaluar si las recompensas potenciales los superan.

5.2 Diversificación de la cartera

La diversificación es una estrategia de gestión de riesgos que implica distribuir las inversiones entre diferentes activos para reducir la exposición al riesgo de cualquier inversión individual. Al evaluar Bitcoin como inversión, es importante considerar su papel dentro de una cartera bien diversificada.

Las características únicas de Bitcoin como activo digital descentralizado lo convierten en una opción atractiva para la diversificación de carteras. Si bien los activos de inversión tradicionales, como acciones y bonos, se ven afectados por factores como las condiciones económicas y las políticas del banco central, Bitcoin opera de forma independiente. Esta falta de correlación con los activos tradicionales le da a Bitcoin el potencial de servir como cobertura contra la inflación y herramienta de diversificación.

Sin embargo, es esencial tener en cuenta que la diversificación no elimina el riesgo por completo. Aunque Bitcoin puede ofrecer beneficios de diversificación, también introduce su propio conjunto de riesgos. Por lo tanto, los inversores deben considerar cuidadosamente su tolerancia al riesgo y asegurarse de que sus carteras estén adecuadamente equilibradas entre los diferentes activos, incluidas las inversiones tradicionales y alternativas.

5.3 Inversión a largo plazo versus inversión a corto plazo

Una consideración fundamental al evaluar Bitcoin como inversión es el plazo y la estrategia de inversión deseados. Los inversores pueden abordar la inversión en Bitcoin desde una perspectiva a corto o largo plazo, cada una con sus propios beneficios y riesgos.

La inversión a largo plazo en Bitcoin implica comprar y mantener la criptomoneda durante un período prolongado, a menudo de varios años o más. Esta estrategia tiene como objetivo capturar la posible apreciación de precios a largo plazo y los beneficios de la escasez y la creciente adopción de Bitcoin. Los inversores a largo plazo suelen creer en la propuesta de valor fundamental de Bitcoin y su potencial como depósito de valor y medio de intercambio.

La inversión a corto plazo en Bitcoin implica aprovechar los movimientos de precios a corto plazo e intentar sacar provecho de la volatilidad del mercado. Los operadores que emplean esta estrategia pueden participar en análisis técnicos y técnicas comerciales para comprar barato y vender caro en plazos más cortos. La inversión a corto plazo requiere un conocimiento profundo de la dinámica del mercado y conlleva mayores riesgos debido a las incertidumbres del mercado y las fluctuaciones de precios.

Tanto los enfoques de inversión en Bitcoin a largo como a corto plazo tienen sus pros y sus contras. La inversión a largo plazo puede estar más alineada con los principios de hodling (aferrarse a la vida) y beneficiarse de una posible apreciación de precios a largo plazo. La inversión a corto plazo puede brindar oportunidades para capitalizar los movimientos de precios a corto plazo, pero requiere un seguimiento activo y una mayor tolerancia a la volatilidad del mercado.

En última instancia, la elección del plazo y la estrategia de inversión debe alinearse con los objetivos financieros del inversor, su tolerancia al riesgo y su experiencia en inversiones.

5.4 Análisis fundamental

El análisis fundamental implica evaluar el valor intrínseco de un activo en función de varios factores, como el rendimiento financiero de los activos subyacentes y las condiciones del mercado. Al evaluar Bitcoin como una inversión, varios factores fundamentales pueden proporcionar información sobre su valor potencial.

Un factor fundamental importante para Bitcoin es su oferta limitada. El suministro máximo de Bitcoin tiene un límite de 21 millones de monedas, lo que garantiza la escasez. Esta característica de oferta limitada a menudo se cita como una razón para una posible apreciación de los precios con el tiempo a medida que aumenta la demanda.

Otro factor fundamental a considerar es la creciente adopción y aceptación de Bitcoin. Bitcoin ha ganado terreno como medio de pago y varios comerciantes y empresas lo aceptan como forma de pago. Además, los inversores institucionales y las instituciones financieras han comenzado a adoptar Bitcoin, lo que puede contribuir aún más a su adopción y valor.

Los factores regulatorios también desempeñan un papel crucial en la evaluación del valor fundamental de Bitcoin. El panorama regulatorio de las criptomonedas está evolucionando y los gobiernos y organismos reguladores de todo el mundo implementan reglas y regulaciones. Las regulaciones favorables pueden proporcionar un entorno más seguro para Bitcoin, mientras que las regulaciones o prohibiciones estrictas pueden afectar negativamente su adopción y valor.

Además, los avances en la escalabilidad de la tecnología blockchain y las mejoras de seguridad también son factores fundamentales a considerar al evaluar el valor potencial a largo plazo de Bitcoin. Los avances tecnológicos pueden afectar la usabilidad, la velocidad de las transacciones y la seguridad de Bitcoin, lo que a su vez puede influir en su adopción y valor.

El análisis fundamental es un proceso integral que requiere examinar múltiples factores y comprender su impacto potencial en el valor de Bitcoin. Puede ayudar a los inversores a obtener información sobre las perspectivas a largo plazo de Bitcoin y su posición general dentro del panorama de inversión más amplio.

5.5 Análisis técnico

El análisis técnico implica estudiar datos pasados de precios y volúmenes, así como gráficos y patrones para pronosticar movimientos futuros de precios. Aunque el controvertido análisis técnico puede ser una herramienta valiosa para evaluar las tendencias de precios a corto plazo de Bitcoin e identificar posibles puntos de entrada y salida para los comerciantes.

Se utilizan varias herramientas e indicadores de análisis técnico para analizar los movimientos de precios de Bitcoin. Algunos indicadores comúnmente utilizados incluyen el índice de fuerza relativa de promedios móviles (RSI y Bandas de Bollinger). Estos indicadores ayudan a identificar tendencias, condiciones de sobrecompra o sobreventa y posibles puntos de reversión de precios.

Los patrones de gráficos, como triángulos cabeza y hombros o dobles techos, proporcionan información sobre el sentimiento del mercado y los posibles movimientos futuros de los precios.

Los operadores suelen analizar estos patrones y utilizarlos para tomar decisiones comerciales a corto plazo.

Es importante señalar que el análisis técnico no es un método infalible para predecir los movimientos de precios de Bitcoin. El mercado de las criptomonedas es muy volátil y está influenciado por varios factores, incluidos el sentimiento del mercado, las noticias y el comportamiento de los inversores. Por lo tanto, el análisis técnico debe utilizarse junto con otras formas de análisis y estrategias de gestión de riesgos.

En conclusión, evaluar Bitcoin como una inversión implica considerar varios factores, como el riesgo versus la recompensa, la diversificación de la cartera, el período de inversión, el análisis fundamental y el análisis técnico. Bitcoin presenta recompensas potenciales que incluyen altos rendimientos y beneficios de diversificación de cartera. Sin embargo, también conlleva riesgos que incluyen la volatilidad de los precios y factores regulatorios inciertos. Los inversores deben evaluar cuidadosamente estos factores, alinear su estrategia de inversión con sus objetivos financieros y su tolerancia al riesgo, y considerar los aspectos fundamentales y técnicos de Bitcoin para tomar decisiones de inversión informadas.

6

Invertir en Bitcoin: consideraciones clave

En los últimos años, Bitcoin ha ganado una gran popularidad como forma de inversión. Como ocurre con cualquier inversión, es fundamental considerar varios factores antes de sumergirse en el mundo de Bitcoin. Esta sección profundizará en algunas consideraciones clave cuando se trata de invertir en Bitcoin, incluida la elección de una billetera de intercambio de criptomonedas, consideraciones fiscales promedio de costo en dólares de seguridad y gestión de riesgos y volatilidad.

6.1 Elegir un intercambio de criptomonedas

Antes de invertir en Bitcoin, uno de los pasos principales es elegir un intercambio de criptomonedas confiable. Un intercambio de criptomonedas es una plataforma en línea que permite a los usuarios comprar, vender e intercambiar criptomonedas, incluido Bitcoin. Es crucial considerar factores como la facilidad de uso, las medidas de seguridad, las tarifas de reputación y los pares comerciales disponibles al seleccionar un intercambio.

Facilidad de uso: busque un intercambio con una interfaz fácil de usar que le facilite navegar y ejecutar operaciones sin dificultades técnicas.

Medidas de seguridad: los piratas informáticos suelen atacar los intercambios de criptomonedas debido a la posibilidad de que grandes cantidades de valor se almacenen en billeteras activas. Busque intercambios que implementen medidas de seguridad sólidas, como autenticación de dos factores (opciones de almacenamiento en frío 2FA y protocolos de cifrado para proteger sus fondos).

Reputación: investigue la reputación del intercambio leyendo las reseñas de los usuarios, verificando si está regulado en la jurisdicción correspondiente y buscando violaciones o incidentes de seguridad anteriores que puedan haber ocurrido.

Tarifas: considere la estructura de tarifas del intercambio para retiros de depósitos y actividades comerciales. Algunos intercambios tienen una tarifa fija, mientras que otros tienen una tarifa porcentual que puede afectar significativamente su rentabilidad.

Pares comerciales: compruebe si el intercambio ofrece una amplia gama de pares comerciales, incluidos Bitcoin y monedas fiduciarias (por ejemplo, USD EUR) y otras criptomonedas. Esto garantiza que tendrá flexibilidad en el comercio y podrá convertir fácilmente su Bitcoin en otros activos si lo desea.

Algunos intercambios de criptomonedas populares a considerar son Coinbase Binance Kraken y Gemini. Sin embargo, es esencial realizar una investigación exhaustiva y evaluar cada intercambio en función de sus necesidades y preferencias específicas.

6.2 Seguridad de la billetera: almacenamiento en caliente frente a almacenamiento en frío

Una vez que haya comprado Bitcoin en un intercambio, es fundamental considerar cómo almacenará su inversión. La seguridad de la billetera es de suma importancia ya que garantiza la seguridad de sus tenencias de Bitcoin. Hay dos tipos principales de billeteras: billeteras calientes y billeteras de almacenamiento en frío.

Las billeteras activas son billeteras digitales conectadas a Internet y generalmente las proporcionan intercambios de criptomonedas. Proporcionan un acceso cómodo a sus tenencias de Bitcoin para fines comerciales o de transferencia. Sin embargo, son más vulnerables a los intentos de piratería porque están constantemente conectados a Internet.

Por otro lado, las carteras de almacenamiento en frío no están conectadas a Internet, lo que las hace menos susceptibles a los intentos de piratería. Vienen en varias formas, como billeteras de hardware (billeteras de papel para dispositivos físicos (claves públicas y privadas impresas o escritas) y billeteras de software fuera de línea.

Generalmente se recomienda almacenar la mayoría de sus tenencias de Bitcoin en billeteras de almacenamiento en frío y solo mantener una cantidad menor en billeteras activas para operaciones o transacciones frecuentes. De esta manera, incluso si la billetera activa se ve comprometida, la mayoría de sus fondos permanecerán seguros.

Al seleccionar una billetera de almacenamiento en frío, es vital considerar factores como la facilidad de uso, las sólidas funciones de seguridad, las opciones de respaldo y recuperación y la compatibilidad con diferentes sistemas operativos. Las carteras de almacenamiento en frío populares incluyen Ledger Nano X Trezor Model T y KeepKey.

Recuerde mantener la información de respaldo de su billetera, como semillas de recuperación o claves privadas, en un lugar seguro y considere utilizar una contraseña o frase de contraseña segura para proteger su billetera.

6.3 Promedio de costos en dólares

El precio de Bitcoin es notoriamente volátil y a menudo experimenta importantes oscilaciones de precios en períodos cortos. El promedio de costos en dólares (DCA) es una estrategia de inversión que puede ayudar a mitigar el impacto de la volatilidad de los precios a lo largo del tiempo.

DCA implica invertir regularmente una cantidad fija de dinero en Bitcoin a intervalos regulares, independientemente de su precio. Al hacerlo, compras más Bitcoin cuando los precios son más bajos y menos cuando los precios son más altos, promediando efectivamente el costo por moneda a lo largo del tiempo.

Por ejemplo, supongamos que decide invertir 500 dólares en Bitcoin cada mes. En un mes cuando el precio es alto, tus

$500 comprarán menos Bitcoins, pero en un mes cuando el precio es bajo, tus $500 comprarán más Bitcoins. Con el tiempo, esta estrategia puede reducir el impacto de los movimientos de precios a corto plazo y potencialmente generar retornos generales más favorables.

DCA es una estrategia popular para los inversores de Bitcoin a largo plazo que creen en el potencial de Bitcoin pero quieren minimizar los riesgos potenciales asociados con su volatilidad.

6.4 Consideraciones fiscales

Invertir en Bitcoin puede tener implicaciones fiscales y es esencial comprender las leyes y regulaciones fiscales de su jurisdicción.

En muchos países, incluido Estados Unidos, Bitcoin se trata como una propiedad a efectos fiscales. Esto significa que cualquier ganancia o pérdida de inversiones en Bitcoin puede estar sujeta al impuesto sobre las ganancias de capital. Las tasas impositivas pueden variar según la duración de la inversión (a corto o largo plazo) y la categoría impositiva del individuo.

Es recomendable consultar con un profesional fiscal o un contador que se especialice en impuestos sobre criptomonedas para asegurarse de que cumple con las leyes fiscales de su jurisdicción. Pueden brindarle orientación sobre cómo informar sus inversiones en Bitcoin, calcular las ganancias o pérdidas de capital y cualquier deducción o exención de impuestos relevante.

Además, mantener registros detallados de sus transacciones de

Bitcoin, incluida la fecha de adquisición, el precio de compra, el precio de venta y las tarifas de transacción, puede ser crucial para obtener informes fiscales precisos.

6.5 Gestión de riesgos y volatilidad

Bitcoin es conocido por su volatilidad, que presenta tanto oportunidades como riesgos para los inversores. Para gestionar eficazmente los riesgos asociados con las inversiones en Bitcoin, considere las siguientes estrategias:

Diversificación: evite poner todo su capital de inversión únicamente en Bitcoin. Diversifique su cartera invirtiendo en una variedad de activos, como acciones, bonos, bienes raíces u otras criptomonedas. La diversificación ayuda a distribuir el riesgo entre diferentes clases de activos y potencialmente puede reducir el impacto de la volatilidad de Bitcoin.

Tolerancia al riesgo: comprenda su nivel de tolerancia al riesgo y alinee sus decisiones de inversión en consecuencia. Invertir en Bitcoin implica un cierto nivel de riesgo y es importante invertir sólo lo que pueda permitirse perder. Considere el horizonte temporal de sus objetivos financieros y su apetito por el riesgo antes de tomar cualquier decisión de inversión.

Investigación y educación: manténgase informado sobre las últimas tendencias, noticias y desarrollos en el mercado de las criptomonedas. Comprender los fundamentos de Bitcoin, su tecnología y sus posibles casos de uso puede ayudarle a tomar decisiones de inversión más informadas. Realice una investigación exhaustiva y considere fuentes creíbles antes de tomar cualquier decisión de inversión.

Establecer expectativas realistas: el historial de precios de Bitcoin ha experimentado altibajos significativos y es crucial establecer expectativas realistas con respecto a los rendimientos potenciales. Si bien Bitcoin ha mostrado un crecimiento sustancial a lo largo de los años, es importante recordar que el desempeño pasado no garantiza resultados futuros. Tenga en cuenta los ciclos del mercado y evite tomar decisiones de inversión impulsivas basadas únicamente en movimientos de precios a corto plazo.

Evaluaciones periódicas de cartera: supervise y reevalúe continuamente su cartera de inversiones. Establezca parámetros predefinidos para los niveles de toma de ganancias y límite de pérdidas. Revisar periódicamente su cartera y realizar ajustes en función de sus objetivos de inversión y las condiciones del mercado puede ayudar a garantizar que su estrategia de inversión permanezca alineada con sus objetivos.

Conclusión

Invertir en Bitcoin puede ser un esfuerzo gratificante, pero también requiere una cuidadosa consideración y gestión de riesgos. Elegir un intercambio de criptomonedas confiable que asegure su billetera Bitcoin mediante almacenamiento en frío utilizando un promedio de costo en dólares para mitigar la volatilidad, comprender las consideraciones fiscales y administrar los riesgos de manera efectiva son componentes críticos de una estrategia exitosa de inversión en Bitcoin. Si sigue estas consideraciones clave y aplica un enfoque disciplinado, podrá navegar por el mundo de la inversión en Bitcoin con mayor confianza. Recuerde realizar una investigación exhaustiva, buscar asesoramiento profesional si es necesario y mantenerse siempre informado para tomar decisiones de inversión bien informadas.

7

Opciones de inversión alternativas

Las opciones de inversión alternativas abarcan una amplia gama de activos y estrategias, y varios factores influyen en su atractivo. El sentimiento de los inversores y el apetito por el riesgo desempeñan un papel importante, ya que algunas alternativas, como el capital de riesgo o el capital privado, pueden ofrecer rendimientos potencialmente altos pero conllevan riesgos sustanciales. Las condiciones económicas, como las tasas de interés y la inflación, afectan el atractivo de activos como los bienes raíces o las materias primas, que a menudo se consideran coberturas contra las fluctuaciones tradicionales del mercado. Los cambios regulatorios y las consideraciones fiscales afectan la viabilidad de opciones como las criptomonedas o las inversiones en arte. Además, la experiencia requerida y las limitaciones de liquidez pueden influir en la elección de un inversor entre activos alternativos, lo que hace que la debida diligencia y una cartera diversificada sean fundamentales para navegar este complejo panorama.

7.1 Fideicomisos y fondos de inversión de Bitcoin:

Los fideicomisos y fondos de inversión de Bitcoin ofrecen a personas e instituciones la oportunidad de invertir en Bitcoin sin comprar ni almacenar directamente la criptomoneda. Estos vehículos de inversión reúnen dinero de los inversores y lo asignan a activos de Bitcoin.

Un ejemplo popular es Grayscale Bitcoin Trust (GBTC). GBTC es un fideicomiso que cotiza en bolsa que posee activos de Bitcoin y permite a los inversores obtener exposición a los movimientos de precios de Bitcoin sin poseer realmente la criptomoneda. Los inversores pueden comprar acciones de GBTC a través de cuentas de corretaje similares a la compra de acciones.

La ventaja de invertir en Bitcoin a través de fideicomisos y fondos es que proporciona a los inversores una forma cómoda y regulada de ganar exposición al mercado de las criptomonedas. Elimina la necesidad de que los inversores configuren una billetera digital y almacenen sus Bitcoin de forma segura. Además, estos vehículos de inversión pueden ofrecer ventajas fiscales y una gestión profesional.

Sin embargo, es importante tener en cuenta que invertir en Bitcoin a través de fideicomisos y fondos conlleva su propio conjunto de riesgos. Es posible que el precio del fideicomiso o fondo no siempre siga de cerca el precio del propio Bitcoin debido a factores como tarifas y primas. Además, los inversores no tienen control directo sobre sus tenencias de Bitcoin, ya que el fideicomiso o fondo es administrado por entidades de terceros.

7.2 Minería de Bitcoins:

La minería de Bitcoin es el proceso mediante el cual se crean nuevos Bitcoins y se verifican las transacciones en la red Bitcoin. Los mineros utilizan hardware y software especializados para resolver problemas matemáticos complejos que validan y protegen las transacciones.

Las personas y las empresas pueden participar en la minería de Bitcoin configurando sus propias plataformas de minería o uniéndose a grupos de minería. Las plataformas de minería consisten en potentes computadoras equipadas con hardware de minería especializado, como chips ASIC (circuito integrado de aplicación específica). Estas plataformas trabajan para resolver problemas matemáticos y son recompensadas con Bitcoins recién acuñados por sus esfuerzos.

La minería de Bitcoin puede ser una opción de inversión rentable si se hace correctamente, pero requiere una importante inversión inicial en equipos de minería y costos operativos continuos, como electricidad y refrigeración. La rentabilidad de la minería también depende del precio de Bitcoin y de la dificultad general de la red.

Vale la pena señalar que la minería de Bitcoin se ha vuelto altamente competitiva a lo largo de los años y que a las personas con hardware de consumo puede resultarles difícil competir con operaciones mineras a gran escala. Como resultado, muchos mineros se unen a grupos de minería donde se juntan recursos para aumentar las posibilidades de ganar recompensas.

7.3 Ofertas iniciales de monedas (ICO):

Las Ofertas Iniciales de Monedas (ICO) son eventos de recaudación de fondos en la industria de las criptomonedas donde se venden nuevos tokens o monedas a inversores a cambio de criptomonedas establecidas como Bitcoin o Ethereum o incluso monedas fiduciarias.

Las ICO ganaron popularidad durante el auge de las criptomonedas de 2017 como una forma para que las nuevas empresas recaudaran fondos para sus proyectos. Los inversores comprarían tokens durante la ICO con la esperanza de que el valor del proyecto aumentara y condujera a una inversión rentable.

Las ICO pueden ofrecer altos rendimientos de la inversión, pero también conllevan riesgos importantes. Muchas ICO resultaron ser estafas o proyectos fallidos que dejaron a los inversores con tokens sin valor. Las preocupaciones regulatorias y la falta de protección de los inversores también prevalecieron durante el auge de las ICO.

Si bien las ICO han perdido popularidad debido al mayor escrutinio regulatorio, siguen siendo una opción de inversión alternativa para aquellos que estén dispuestos a asumir mayores riesgos y realizar una debida diligencia exhaustiva en los proyectos antes de invertir.

7.4 Finanzas Descentralizadas (DeFi):

Las finanzas descentralizadas o DeFi se refieren al uso de la tecnología blockchain y las criptomonedas para recrear sistemas y servicios financieros tradicionales de forma descentralizada y sin permisos. Su objetivo es eliminar intermediarios como bancos e instituciones financieras y proporcionar servicios financieros abiertos y transparentes.

DeFi abarca una amplia gama de aplicaciones y servicios que incluyen préstamos descentralizados y plataformas de endeudamiento, intercambios descentralizados, monedas estables que generan fondos agrícolas y de liquidez. Estas plataformas permiten a los usuarios prestar o pedir prestado activos comerciales de criptomonedas, ganar intereses sobre los depósitos y participar en diversas estrategias de inversión.

Un ejemplo notable de DeFi son las plataformas construidas en la cadena de bloques Ethereum que utilizan contratos inteligentes para automatizar y hacer cumplir acuerdos financieros. Los usuarios pueden interactuar con estas plataformas utilizando billeteras y aplicaciones descentralizadas (dApps) sin necesidad de intermediarios.

Invertir en DeFi puede brindar a los inversores oportunidades de obtener altos rendimientos, así como la capacidad de participar en servicios financieros innovadores. Sin embargo, las inversiones en DeFi también conllevan riesgos, incluidas las vulnerabilidades de los contratos inteligentes, la volatilidad de los precios de los activos subyacentes y las incertidumbres regulatorias.

7.5 Tokens no fungibles (NFT):

Los tokens no fungibles (NFT) son activos digitales únicos que representan la propiedad o prueba de autenticidad de un elemento o contenido específico. A diferencia de las criptomonedas como Bitcoin, que son intercambiables y tienen el mismo valor, las NFT son únicas y no pueden sustituirse entre sí.

Las NFT han ganado una atención significativa en los últimos años, especialmente en el mundo del arte digital y los coleccionables. Los artistas y creadores pueden tokenizar sus obras digitales y venderlas como NFT, proporcionando prueba de propiedad y creando un nuevo mercado para los activos digitales.

Invertir en NFT puede ofrecer beneficios potenciales, especialmente en el mundo del arte, donde las obras de arte digitales raras y buscadas pueden venderse por sumas importantes. Además, las NFT brindan a los artistas y creadores nuevas fuentes de ingresos y la capacidad de monetizar sus creaciones digitales directamente.

Sin embargo, es importante ser consciente de los riesgos asociados con la inversión en NFT. El mercado de NFT puede ser altamente especulativo, con una importante volatilidad de precios y potencial para la aparición de burbujas de mercado. También existen preocupaciones sobre el plagio por infracción de derechos de autor y el valor a largo plazo de los activos digitales.

Conclusión:

Las opciones de inversión alternativas en el espacio de las criptomonedas continúan evolucionando y ofrecen a los inversores diversas oportunidades para participar en el ecosistema de activos digitales. Los fideicomisos y fondos de inversión de Bitcoin brindan una manera conveniente de obtener exposición a Bitcoin sin poseer ni administrar directamente la criptomoneda. La minería de Bitcoin permite a individuos y empresas contribuir a las operaciones de la red y, al mismo tiempo, obtener recompensas.

Las ofertas iniciales de monedas (ICO) ofrecen a los inversores la oportunidad de invertir en nuevos proyectos de criptomonedas, aunque conllevan mayores riesgos y consideraciones regulatorias. Las plataformas de finanzas descentralizadas (DeFi) brindan servicios financieros descentralizados y sin permiso que permiten a los usuarios prestar préstamos e invertir en criptomonedas. Los tokens no fungibles (NFT) representan la propiedad de activos digitales únicos, como arte y objetos de colección, creando nuevas oportunidades para inversores y creadores de contenido.

Al igual que con cualquier inversión, es fundamental realizar una investigación exhaustiva, evaluar los riesgos y considerar los objetivos financieros personales y la tolerancia al riesgo antes de participar en opciones de inversión alternativas en el espacio de las criptomonedas.

8

Recursos educativos para criptomonedas

Los recursos educativos sobre criptomonedas son esenciales para las personas que buscan comprender e invertir en este campo en rápida evolución. Estos recursos están influenciados por varios factores. En primer lugar, la exhaustividad y credibilidad de la información proporcionada son muy importantes. Los inversores buscan recursos que ofrezcan explicaciones claras sobre la tecnología blockchain, los fundamentos de las criptomonedas y las estrategias comerciales de fuentes acreditadas. La accesibilidad también es un factor clave, y la disponibilidad de materiales educativos gratuitos o asequibles lo hace más inclusivo. Los cambios regulatorios y los desarrollos de la industria impactan la relevancia y oportunidad de estos recursos, ya que las criptomonedas están sujetas a reglas y tendencias del mercado en constante evolución. Además, la participación de la comunidad y el contenido revisado por pares contribuyen a la eficacia de estos recursos para empoderar a las personas a tomar decisiones informadas en el espacio criptográfico.

8.1 Libros, Blogs y Podcasts

Los blogs de libros y los podcasts son recursos educativos invaluables para aprender sobre las criptomonedas. Proporcionan análisis profundos y opiniones de expertos sobre diversos aspectos del mundo de las criptomonedas. Aquí hay unos ejemplos:

Libros:

1. "Dominar Bitcoin: Desbloqueo de criptomonedas digitales" de Andreas M. Antonopoulos: este libro se considera una piedra angular para comprender los aspectos técnicos de Bitcoin y la tecnología blockchain.

2. "La era de las criptomonedas: cómo Bitcoin y Blockchain están desafiando el orden económico global" de Paul Vigna y Michael J. Casey: este libro explora el impacto de Bitcoin y la tecnología blockchain en el sistema financiero tradicional.

Blogs:

1. CoinDesk: CoinDesk es una plataforma líder de análisis y noticias sobre criptomonedas que proporciona información actualizada sobre las últimas tendencias, desarrollos y regulaciones en el mundo de las criptomonedas.

2. El blog de Coinbase: Coinbase es uno de los intercambios de criptomonedas más populares y su blog cubre una amplia gama de temas, como guías para principiantes, conocimientos del mercado y listados de nuevas monedas.

Pódcast:

1. "Unchained" de Laura Shin: este podcast presenta entrevistas con los principales expertos de la industria que brindan información detallada sobre el mundo de las criptomonedas blockchain y las finanzas descentralizadas.

2. "The Pomp Podcast" de Anthony Pompliano: en este podcast, Pompliano analiza la inversión en criptomonedas y los mercados financieros con varios líderes de la industria.

8.2 Cursos y tutoriales en línea

Los cursos y tutoriales en línea ofrecen programas educativos estructurados para personas que buscan adquirir conocimientos y habilidades prácticos en criptomonedas. Estos cursos cubren una amplia gama de temas, desde introducciones para principiantes hasta estrategias comerciales avanzadas. Aquí hay unos ejemplos:

1. "Curso de inversión en criptomonedas 2021: ¡Financie su jubilación!" en Udemy: este curso enseña los fundamentos de la inversión en criptomonedas y explora diversas estrategias de inversión para lograr objetivos financieros a largo plazo.

2. "Conceptos básicos de Blockchain" en Coursera: este curso proporciona una introducción completa a la tecnología blockchain que cubre su estructura histórica y varios casos de uso.

3. "Academia de análisis técnico: Introducción al comercio de criptomonedas" en YouTube: esta serie de tutoriales cubre técnicas de análisis técnico específicas para el comercio de

criptomonedas, ayudando a los operadores a comprender las tendencias del mercado y tomar decisiones de inversión informadas.

8.3 Comunidades de Bitcoin y Criptomonedas

Ser parte de comunidades en línea centradas en Bitcoin y las criptomonedas puede brindar información valiosa y oportunidades de aprendizaje. Estas comunidades a menudo están formadas por personas apasionadas que comparten conocimientos, discuten las tendencias del mercado y brindan apoyo. A continuación se muestran algunos ejemplos de comunidades populares de Bitcoin y criptomonedas:

1. Reddit - r/Bitcoin: este subreddit está dedicado a debates relacionados con Bitcoin. Sirve como una plataforma para que los usuarios hagan preguntas, compartan noticias y participen en debates sobre la criptomoneda.

2. Bitcointalk: Bitcointalk es uno de los foros de Bitcoin en línea más grandes y antiguos. Cubre una amplia gama de temas que incluyen discusiones técnicas, comercio de minería y desarrollo de proyectos basados en blockchain.

3. Crypto Twitter: Twitter se ha convertido en un centro de debates sobre criptomonedas con muchas figuras influyentes de la industria que comparten sus ideas, noticias y análisis. Seguir a personas clave y participar en debates relevantes puede ser una excelente manera de mantenerse actualizado.

8.4 Networking y conferencias

Hacer networking y asistir a conferencias sobre criptomonedas brindan oportunidades para aprender, conectarse con profesionales de la industria y mantenerse actualizado sobre las últimas tendencias. Estos eventos a menudo incluyen discursos de apertura, paneles de discusión, talleres interactivos y sesiones de networking. Aquí hay algunas conferencias sobre criptomonedas notables:

1. Consenso: Consensus es una de las conferencias anuales de blockchain más grandes organizadas por CoinDesk. Reúne a líderes de la industria, desarrolladores, inversores y formuladores de políticas para discutir el futuro de las criptomonedas y la tecnología blockchain.

2. Blockchain Expo: Blockchain Expo es una serie de conferencias globales centradas en blockchain y sus aplicaciones del mundo real. Cuentan con paneles de discusión de oradores expertos y exhibiciones relacionadas con la tecnología blockchain y las criptomonedas.

8.5 Noticias e investigaciones de la industria

Mantenerse informado a través de noticias e investigaciones de la industria proporciona información crítica sobre el panorama de las criptomonedas en rápida evolución. Aquí hay algunas fuentes confiables de noticias e investigaciones actuales:

1. CoinMarketCap: CoinMarketCap es una popular plataforma de análisis del mercado de criptomonedas que rastrea los precios, las capitalizaciones de mercado y los volúmenes comerciales de varias criptomonedas. También proporciona noticias, artículos

educativos e informes de investigación.

2. Cointelegraph: Cointelegraph es una plataforma líder de noticias sobre criptomonedas que cubre una amplia gama de temas que incluyen análisis de mercado, desarrollos regulatorios y tendencias de la industria.

3. Messari: Messari es una plataforma de investigación que ofrece datos de análisis en profundidad e información sobre criptomonedas y proyectos blockchain. Sus informes de investigación proporcionan información valiosa para inversores y profesionales de la industria.

En conclusión, existen numerosos recursos educativos disponibles para personas interesadas en aprender sobre las criptomonedas. Los blogs de libros y los podcasts ofrecen análisis en profundidad y opiniones de expertos. Los cursos y tutoriales en línea brindan programas de aprendizaje estructurados, mientras que los eventos y conferencias de networking de comunidades criptográficas permiten la interacción y el networking. Finalmente, mantenerse informado a través de noticias e investigaciones de la industria es crucial para comprender el dinámico mundo de las criptomonedas. Al aprovechar estos recursos educativos, las personas pueden ampliar sus conocimientos y tomar decisiones informadas en el espacio de las criptomonedas.

9

Comprender las tendencias del mercado criptográfico

Comprender las tendencias del mercado de las criptomonedas es crucial para los inversores y entusiastas del espacio de las criptomonedas, y depende de varios factores. El sentimiento del mercado juega un papel importante, ya que las noticias positivas y el optimismo generalizado pueden generar tendencias alcistas, mientras que el sentimiento negativo puede desencadenar tendencias bajistas. Los avances tecnológicos dentro del ecosistema de las criptomonedas, como las actualizaciones o innovaciones en la tecnología blockchain, pueden influir en las tendencias del mercado al afectar la utilidad y la adopción de criptomonedas específicas. Los cambios regulatorios y las políticas gubernamentales pueden tener un impacto profundo, ya sea impulsando la confianza e impulsando la adopción o causando incertidumbre en el mercado. Además, factores macroeconómicos como las condiciones económicas globales y la inflación pueden moldear las tendencias a medida que los inversores buscan alternativas a los activos tradicionales. Por último, el comportamiento de las ballenas y los grandes inversores institucionales también puede influir en las tendencias del mercado, por lo que es crucial monitorear sus actividades y sentimientos en el espacio criptográfico.

9.1 Mercados alcistas y bajistas:

El mercado de las criptomonedas es conocido por su naturaleza altamente volátil caracterizada por frecuentes fluctuaciones de precios. Experimenta dos tendencias principales del mercado: mercados alcistas y mercados bajistas.

Mercado alcista: un mercado alcista se caracteriza por un movimiento sostenido de precios al alza donde el sentimiento general es optimista y los inversores tienen confianza en el mercado. Durante un mercado alcista, los precios tienden a aumentar de manera constante o incluso experimentar un crecimiento exponencial. Como resultado, es más probable que los inversores compren y mantengan criptomonedas con la esperanza de beneficiarse de una mayor apreciación de los precios.

Por ejemplo, Bitcoin experimentó un importante mercado alcista desde 2016 hasta principios de 2018, donde su precio aumentó de alrededor de $400 a casi $20000. Este rápido aumento de valor atrajo mucha atención y desencadenó una afluencia masiva de nuevos inversores y proyectos en el espacio de las criptomonedas.

Mercado bajista: por el contrario, un mercado bajista se refiere a un período prolongado de precios a la baja y sentimiento pesimista en el mercado. Durante las fases bajistas los precios pueden experimentar caídas significativas, la confianza de los inversores disminuye y el miedo domina el mercado.

Un ejemplo de mercado bajista es el invierno criptográfico que se produjo desde finales de 2018 hasta principios de 2019, donde el precio de Bitcoin cayó desde su máximo histórico de 20.000 dólares a alrededor de 3.000 dólares. Muchas otras criptomonedas experimentaron caídas similares durante este período.

9.2 Ciclos y tiempos del mercado:

Los ciclos del mercado de criptomonedas son patrones repetidos de mercados alcistas y bajistas a lo largo del tiempo. Estos ciclos pueden variar en duración y comprenderlos puede ayudar a los operadores e inversores a anticipar la dirección del mercado y tomar decisiones informadas.

Cronometrar el mercado se refiere a tratar de predecir cuándo el mercado pasará de un mercado alcista a uno bajista o viceversa. Si bien es un desafío cronometrar el mercado con precisión, comprender los ciclos del mercado puede proporcionar información útil.

Una teoría popular en el espacio de las criptomonedas es el "ciclo de cuatro años" o el "ciclo de reducción a la mitad de Bitcoin". Bitcoin pasa por un evento de reducción a la mitad aproximadamente cada cuatro años, lo que reduce las recompensas en bloque para los mineros y efectivamente reduce la tasa de nueva emisión de Bitcoin. Se cree que estas reducciones a la mitad desencadenan mercados alcistas porque reducen la oferta de nuevos Bitcoin que ingresan al mercado mientras la demanda permanece constante o aumenta.

Por ejemplo, Bitcoin experimentó su primer evento de reducción a la mitad en noviembre de 2012, al que siguió un importante mercado alcista en 2013. La segunda reducción a la mitad ocurrió en julio de 2016, lo que condujo a la famosa corrida alcista de 2017. La reducción a la mitad más reciente tuvo lugar en mayo de 2020 y el precio de Bitcoin subió a nuevos máximos históricos en 2021.

Aunque los ciclos del mercado proporcionan patrones históricos, no son indicadores infalibles y también se deben considerar otros factores como el sentimiento del mercado y el análisis fundamental al tomar decisiones de inversión.

9.3 Análisis de sentimiento y psicología del mercado:
El análisis de sentimientos y la psicología del mercado juegan un papel crucial en la comprensión de las tendencias del mercado de criptomonedas. El sentimiento se refiere a la actitud o emociones generales de los participantes del mercado hacia una criptomoneda en particular o el mercado en su conjunto.

El análisis de sentimientos implica monitorear y analizar canales de redes sociales, noticias, foros y otras fuentes de información para evaluar cómo se siente la gente acerca de una criptomoneda específica. El sentimiento positivo a menudo indica que los inversores son optimistas, lo que genera una mayor presión de compra y potencialmente hace subir el precio. Por el contrario, el sentimiento negativo puede generar presión de venta y caídas de precios.

La psicología del mercado se refiere a la mentalidad y el comportamiento colectivos de los participantes del mercado. Los factores emocionales como el miedo, la codicia y la incertidumbre pueden influir en gran medida en la toma de decisiones y, en última instancia, impulsar las tendencias del mercado. Por ejemplo, durante un mercado alcista, los inversores pueden mostrar miedo a perderse algo (FOMO, lo que genera frenesí de compras y una mayor apreciación de los precios). Por otro lado, durante un mercado bajista, el miedo puede dominar y provocar ventas de pánico y nuevas caídas de precios.

Comprender el análisis de sentimiento y la psicología del mercado requiere estar atento a los indicadores de sentimiento del mercado, herramientas de análisis de sentimiento y mantenerse informado sobre las últimas noticias y desarrollos en el espacio de las criptomonedas.

9.4 Indicadores técnicos y patrones gráficos:

El análisis técnico implica estudiar datos históricos de precios y utilizar varios indicadores y patrones gráficos para predecir movimientos futuros de precios. Si bien es posible que el análisis técnico no proporcione predicciones definitivas, puede ayudar a los inversores a identificar tendencias potenciales y tomar decisiones más informadas.

Indicadores técnicos: existen numerosos indicadores técnicos que se utilizan en el comercio de criptomonedas. Algunos populares incluyen promedios móviles (índice de fuerza relativa MA (RSI MACD (bandas de Bollinger de convergencia, divergencia y divergencia de media móvil y retrocesos de Fibonacci).

Los promedios móviles ayudan a suavizar los datos de precios e identificar direcciones de tendencias. Por ejemplo, si se utiliza una media móvil de 50 y 200 días, si la media móvil de 50 días cruza por encima de la media móvil de 200 días, se considera una señal alcista.

RSI es un oscilador de impulso que mide la velocidad y el cambio de los movimientos de precios. Un RSI superior a 70 indica condiciones de sobrecompra que sugieren una posible reversión o corrección del precio. Por el contrario, un RSI por debajo de 30 sugiere condiciones de sobreventa que indican una posible recuperación del precio.

Patrones de gráficos: los patrones de gráficos representan patrones reconocibles y repetibles en los gráficos de precios que pueden proporcionar información sobre las tendencias del mercado y posibles movimientos de precios futuros. Algunos patrones de gráficos comúnmente reconocidos incluyen banderas y triángulos con doble techo y doble fondo con cabeza y hombros.

Los patrones de cabeza y hombros, por ejemplo, a menudo indican un cambio de tendencia de alcista a bajista. Consta de tres picos, siendo el pico medio (la cabeza) más alto que los otros dos (los hombros). Una ruptura por debajo del escote (una línea que conecta los mínimos de los dos hombros) sugiere una posible caída del precio.

Es importante tener en cuenta que los indicadores técnicos y los patrones gráficos no son infalibles y deben usarse junto con otros métodos de análisis. Se recomienda combinarlos con análisis fundamental, análisis de sentimiento y estrategias de gestión de riesgos para lograr un enfoque integral del comercio.

9.5 Estrategias de Gestión de Riesgos:

La gestión del riesgo es un aspecto crucial del comercio o la inversión en criptomonedas, ya que la volatilidad del mercado puede generar ganancias o pérdidas significativas. Aquí hay algunas estrategias de gestión de riesgos a considerar:

Diversificación: diversificar su cartera de criptomonedas puede ayudar a mitigar el riesgo al distribuir sus inversiones entre diferentes activos. Al invertir en una variedad de criptomonedas, disminuye la dependencia del rendimiento de un solo activo.

Órdenes de limitación de pérdidas: la implementación de órdenes de limitación de pérdidas puede ayudar a proteger su inversión de pérdidas importantes. Una orden de límite de pérdidas es una instrucción para vender una criptomoneda si su precio cae a un cierto nivel predeterminado que limita sus pérdidas potenciales.

Tamaño de la posición: El tamaño de la posición implica determinar cuánto capital asignar a cada operación o inversión. Al definir un porcentaje de su cartera a riesgo por operación, evita poner demasiado capital en juego en una sola operación, lo que reduce la exposición general al riesgo.

Investigación y educación: informarse sobre las criptomonedas, comprender la tecnología y mantenerse actualizado sobre las tendencias y noticias del mercado puede permitirle tomar decisiones más informadas y mitigar los riesgos.

Análisis técnico: el uso de herramientas e indicadores de análisis técnico puede ayudar a identificar posibles puntos de entrada y salida, lo que le permitirá establecer niveles de límite de pérdidas más apropiados y gestionar el riesgo de forma eficaz.

En conclusión, comprender las tendencias del mercado de criptomonedas implica analizar los mercados alcistas y bajistas, identificar los ciclos y el momento del mercado, considerar el análisis de sentimiento y la psicología del mercado, utilizar indicadores técnicos y patrones gráficos e implementar estrategias de gestión de riesgos. Si bien ningún método puede garantizar el éxito, la combinación de estos enfoques puede proporcionar una comprensión más completa del mercado y mejorar la toma de decisiones. Recuerde informarse continuamente, mantenerse informado y adaptar sus estrategias a las condiciones cambiantes del mercado.

10

El futuro de Bitcoin y las criptomonedas

El futuro de Bitcoin y las criptomonedas es un tema de gran interés y especulación, determinado por numerosos factores. Los avances tecnológicos seguirán influyendo en su desarrollo, y las posibles mejoras en escalabilidad, seguridad y eficiencia energética serán fundamentales para su adopción generalizada. Las decisiones regulatorias y las políticas gubernamentales desempeñarán un papel fundamental en la determinación del panorama regulatorio, lo que afectará la confianza de los inversores y la estabilidad del mercado. La adopción institucional y la integración en los sistemas financieros tradicionales podrían solidificar el lugar de las criptomonedas en la economía global. El sentimiento del mercado y la percepción pública seguirán influyendo en los precios y los patrones de uso, mientras que factores macroeconómicos como la inflación y las crisis económicas pueden impulsar un mayor interés en las criptomonedas como cobertura contra los riesgos financieros tradicionales. La evolución continua de la tecnología blockchain y los casos de uso innovadores darán forma aún más al futuro de estos activos digitales, convirtiéndolos en un espacio dinámico y en evolución que hay que observar.

10.1 Perspectiva Regulatoria:

El panorama regulatorio para Bitcoin y las criptomonedas está evolucionando. Los gobiernos y los organismos reguladores de todo el mundo están luchando por encontrar la manera de regular estos activos digitales de forma eficaz. Inicialmente hubo escepticismo y preocupación respecto del potencial de actividades ilícitas como el lavado de dinero y la financiación del terrorismo. Sin embargo, a medida que la tecnología madura y gana una mayor aceptación, los reguladores están comenzando a desarrollar marcos para gobernar la industria.

Diferentes países han adoptado diferentes enfoques para regular las criptomonedas. Algunos han impuesto regulaciones estrictas mientras que otros han optado por enfoques más indulgentes. Por ejemplo, países como Japón y Suiza han implementado regulaciones con requisitos de licencia para los intercambios de criptomonedas que proporcionan un marco legal para que las empresas operen. Por otro lado, países como Malta y Singapur han adoptado regulaciones favorables a las criptomonedas para atraer nuevas empresas de blockchain a sus jurisdicciones.

Las perspectivas regulatorias futuras para Bitcoin y las criptomonedas probablemente implicarán un equilibrio entre fomentar la innovación y proteger a los inversores y consumidores. A medida que la industria siga creciendo, los gobiernos perfeccionarán sus marcos regulatorios para garantizar una supervisión adecuada sin sofocar la innovación.

10.2 Adopción Institucional:

La adopción institucional de Bitcoin y las criptomonedas ha ido ganando impulso en los últimos años. Las instituciones financieras tradicionales, como los bancos y las empresas de gestión de activos, están explorando cada vez más oportunidades en el espacio criptográfico. Este desarrollo indica una creciente aceptación de los activos digitales como una clase de inversión legítima.

Los inversores institucionales se sienten atraídos por Bitcoin y las criptomonedas por varias razones. En primer lugar, lo ven como una protección contra los mercados financieros tradicionales y la inflación. En segundo lugar, el potencial de obtener altos rendimientos en una industria en rápida evolución es atractivo. Finalmente, la propia tecnología blockchain tiene aplicaciones más allá de las criptomonedas, como la gestión de la cadena de suministro y las finanzas descentralizadas (DeFi la convierte en una inversión estratégica para las empresas).

La entrada de inversores institucionales al mercado de las criptomonedas aporta una mayor estabilidad de liquidez y credibilidad. También abre nuevas vías para que participen los inversores minoristas, lo que conducirá a un mayor crecimiento y adopción. A medida que más actores institucionales ingresen al espacio, es probable que ejerzan una influencia significativa en la dinámica del mercado y el panorama regulatorio.

10.3 Monedas digitales del banco central (CBDC):

Las monedas digitales de los bancos centrales (CBDC) son formas digitales de monedas fiduciarias nacionales emitidas por los bancos centrales. A diferencia de las criptomonedas descentralizadas como Bitcoin, las CBDC están centralizadas y son emitidas por autoridades gubernamentales. Las CBDC tienen como objetivo aprovechar la tecnología blockchain y proporcionar una alternativa digital al efectivo físico.

El concepto de CBDC ha ganado fuerza a nivel mundial. Varios países, incluidos China, Suecia y las Bahamas, están explorando o poniendo a prueba activamente proyectos CBDC. Estas monedas digitales pueden ofrecer beneficios como una mejor inclusión financiera, una mayor eficiencia en los sistemas de pago y una mejor trazabilidad de las transacciones.

La introducción de las CBDC plantea dudas sobre el futuro de las criptomonedas como Bitcoin. Mientras que algunos argumentan que las CBDC podrían competir con las criptomonedas, otros creen que pueden coexistir. Las criptomonedas ofrecen características como la descentralización, la privacidad y la resistencia a la censura que las CBDC pueden no ofrecer. Además, las criptomonedas han establecido redes y comunidades de usuarios que pueden brindarles una ventaja competitiva.

El alcance de la adopción de CBDC y su impacto en el mercado de las criptomonedas dependerá de varios factores, como las políticas gubernamentales de confianza pública y la interoperabilidad con las redes blockchain existentes. Es un área emergente que dará forma al futuro de los sistemas monetarios y las monedas digitales.

10.4 Escalabilidad y actualizaciones de red:

La escalabilidad ha sido un desafío de larga data para Bitcoin y otras criptomonedas. La capacidad de manejar un gran volumen de transacciones de forma rápida y rentable es crucial para una adopción generalizada y un uso diario.

La cadena de bloques original de Bitcoin ha enfrentado limitaciones en términos de rendimiento de transacciones, lo que ha provocado congestión y tarifas elevadas durante períodos de alta demanda. Para abordar esto, se han propuesto e implementado varias soluciones de escala, como Segregated Witness (SegWit) y Lightning Network.

SegWit mejora la eficiencia de las transacciones al separar los datos de las firmas de los datos de las transacciones, lo que permite almacenar más transacciones en un solo bloque. Esta actualización ya ha sido adoptada por una parte importante de la red Bitcoin, aumentando su escalabilidad.

Lightning Network es un protocolo de capa 2 construido sobre la cadena de bloques de Bitcoin. Permite transacciones fuera de la cadena, lo que permite transacciones rápidas y de bajo costo entre los usuarios participantes. Al mover la mayoría de las transacciones fuera de la cadena, Lightning Network puede aumentar significativamente la capacidad de transacciones de Bitcoin.

Además de estas actualizaciones, han surgido nuevas criptomonedas y redes blockchain que priorizan la escalabilidad desde el principio. Por ejemplo, Ethereum 2.0 tiene como objetivo abordar los problemas de escalabilidad con la introducción de un nuevo mecanismo de consenso llamado Prueba de participación (PoS) y cadenas de fragmentos que aumentarán la capacidad de la red.

La escalabilidad sigue siendo un foco de investigación y desarrollo en la comunidad de criptomonedas. A medida que se realizan e implementan avances técnicos, las criptomonedas tienen el potencial de competir con las redes de pago tradicionales en términos de velocidad, costo y escalabilidad.

10.5 Impacto de las tecnologías emergentes:

Las tecnologías emergentes como la inteligencia artificial (AI Internet de las cosas (IoT y blockchain) tienen el potencial de dar forma al futuro de Bitcoin y las criptomonedas de varias maneras.

La IA puede mejorar la eficiencia y seguridad de las transacciones de criptomonedas. Por ejemplo, los algoritmos de IA pueden analizar una gran cantidad de datos de transacciones para detectar patrones y anomalías asociados con actividades fraudulentas. La IA también se puede utilizar para el análisis de sentimientos, predecir las tendencias del mercado y optimizar las estrategias de inversión en el mercado de las criptomonedas.

IoT puede permitir nuevos casos de uso para las criptomonedas, como dispositivos conectados que realicen transacciones entre sí de forma autónoma utilizando criptomonedas como medio de intercambio. Por ejemplo, las casas inteligentes equipadas con dispositivos IoT podrían pagar automáticamente los servicios públicos utilizando criptomonedas, eliminando la necesidad de sistemas de pago tradicionales.

Blockchain en sí es una tecnología emergente con un potencial significativo. Más allá de las criptomonedas, blockchain se puede utilizar para diversas aplicaciones, incluidos los sistemas de votación de verificación de identidad de gestión de la cadena de suministro y las finanzas descentralizadas (DeFi). Estos casos de uso pueden revolucionar las industrias existentes y crear nuevos ecosistemas económicos.

La integración de estas tecnologías emergentes con las criptomonedas puede desbloquear nuevas posibilidades e impulsar la innovación en el espacio criptográfico. Sin embargo, también plantea desafíos que incluyen preocupaciones sobre la privacidad, riesgos de seguridad e implicaciones regulatorias.

En conclusión, el futuro de Bitcoin y las criptomonedas es multifacético y está sujeto a varios factores, incluidos los desarrollos regulatorios, la adopción institucional, la escalabilidad de las CBDC y las tecnologías emergentes. El panorama regulatorio está madurando gradualmente y los gobiernos buscan un equilibrio entre la supervisión y el fomento de la innovación. La adopción institucional aporta credibilidad y liquidez al mercado, mientras que las CBDC plantean dudas sobre el papel de las criptomonedas. Las actualizaciones de escalabilidad y las tecnologías emergentes como AI IoT y blockchain continúan ampliando los límites de lo que las criptomonedas pueden lograr. El futuro de Bitcoin y las criptomonedas es sin duda apasionante y seguirá evolucionando a medida que surjan nuevas tecnologías y casos de uso.

11

Asegurar sus tenencias de Bitcoin

11. Asegurar sus tenencias de Bitcoin

El hecho de que Bitcoin sea una moneda digital conlleva sus propios problemas de seguridad. La naturaleza descentralizada de la cadena de bloques hace que sea imperativo que las personas tomen las precauciones necesarias para proteger sus tenencias de Bitcoin. En esta sección exploraremos varias medidas y mejores prácticas para proteger su Bitcoin.

11.1 Claves privadas y direcciones públicas:

Las claves privadas y las direcciones públicas son el núcleo de la seguridad de Bitcoin. Una clave privada es un código alfanumérico único que le permite acceder y controlar sus tenencias de Bitcoin. Por otro lado, una dirección pública es un derivado de la clave privada y sirve como su identidad pública en la cadena de bloques.

Es vital mantener seguras sus claves privadas para evitar el acceso no autorizado a sus Bitcoins. Aquí hay algunas pautas para proteger sus claves privadas:

a) Utilice una billetera de hardware: las billeteras de hardware son dispositivos físicos diseñados específicamente para almacenar claves privadas fuera de línea. Ofrecen seguridad mejorada al mantener sus claves fuera de línea y requieren confirmación física para las transacciones. Ejemplos de carteras de hardware populares incluyen Ledger y Trezor.

b) Utilice una billetera de criptomonedas: las billeteras de criptomonedas, como las billeteras móviles o de escritorio, almacenan claves privadas en su dispositivo. Si bien son convenientes, son más susceptibles a ataques de malware o compromiso del dispositivo. Asegúrese de elegir un proveedor de billetera confiable y actualice periódicamente el software de su billetera.

c) Carteras de papel: una cartera de papel es una copia impresa física de sus claves públicas y privadas. Se considera uno de los métodos más seguros ya que mantiene sus claves fuera de línea. Sin embargo, se debe tener precaución ya que las carteras de papel son propensas a sufrir daños físicos y deben guardarse en un lugar seguro.

11.2 Autenticación de dos factores (2FA):

La autenticación de dos factores (2FA) agrega una capa adicional de seguridad durante el proceso de inicio de sesión. Requiere que los usuarios proporcionen dos pruebas para obtener acceso a sus tenencias de Bitcoin. El primer factor suele ser una contraseña, mientras que el segundo factor puede ser un código de verificación enviado a su dispositivo móvil o generado por una aplicación de autenticación.

Se recomienda encarecidamente habilitar 2FA en las billeteras en línea de sus cuentas de intercambio de Bitcoin o en cualquier otro servicio que utilice para administrar su Bitcoin. Reduce significativamente el riesgo de acceso no autorizado incluso si su contraseña está comprometida.

Ejemplos de métodos 2FA populares incluyen Google Authenticator Authy y tokens de hardware como YubiKey.

11.3 Carteras multifirma:

Las billeteras multifirma (multifirma) requieren múltiples claves privadas para autorizar una transacción de Bitcoin. Esto agrega una capa adicional de seguridad, ya que evita que una sola persona o dispositivo tenga control total sobre sus fondos. En lugar de ello, se requiere un número predeterminado de firmas para validar una transacción.

Por ejemplo, puede configurar una billetera multifirma 2 de 3 donde se generan tres claves privadas: una que posee usted, otra que posee un amigo de confianza y otra que posee un proveedor de servicios externo de confianza. Se requieren dos de las tres claves para autorizar una transacción, lo que reduce el riesgo de un único punto de falla.

Las billeteras multifirma están disponibles en varias plataformas, incluidas billeteras de hardware y ciertas aplicaciones de billeteras de criptomonedas.

11.4 Mejores prácticas de almacenamiento en frío:

El almacenamiento en frío se refiere a mantener sus tenencias de Bitcoin fuera de línea y alejadas de los dispositivos conectados a Internet. Este método proporciona el más alto nivel de seguridad, ya que elimina el riesgo de piratería informática o ataques de malware. A continuación se presentan algunas de las mejores prácticas para implementar el almacenamiento en frío:

a) Carteras de hardware: como se mencionó anteriormente, las carteras de hardware son excelentes para el almacenamiento en frío. Almacenan sus claves privadas de forma segura en el dispositivo, manteniéndolas fuera de línea y protegidas de posibles amenazas en línea.

b) Creación de una billetera sin conexión: se puede generar una billetera sin conexión en una computadora con espacio libre y desconectada de Internet. Las claves públicas y privadas se crean fuera de línea, lo que minimiza el riesgo de exposición a los piratas informáticos. Sin embargo, se debe tener precaución durante el proceso de configuración para garantizar que el entorno fuera de línea sea seguro.

c) Carteras de papel: las carteras de papel, como se mencionó anteriormente, son una solución eficaz de almacenamiento en frío. Genere una billetera de papel en un dispositivo que no esté conectado a Internet y guarde varias copias en ubicaciones seguras y físicamente accesibles.

d) Almacenamiento seguro: independientemente del método utilizado, es fundamental almacenar sus carteras de almacenamiento en frío de forma segura. Considere usar una caja fuerte o una caja de seguridad en un banco para proteger sus billeteras contra daños físicos o robos. Haga una copia de seguridad de la información de su billetera en varias ubicaciones para evitar pérdidas.

11.5 Protección contra estafas y phishing:
La creciente popularidad de Bitcoin ha atraído a estafadores e intentos de phishing. Es esencial mantenerse alerta y estar al tanto de las estafas comunes para proteger sus tenencias de Bitcoin. A continuación se ofrecen algunos consejos para evitar ser víctima de estafas:

a) Verifique la fuente: asegúrese de interactuar con fuentes legítimas y confiables al realizar transacciones de Bitcoin o acceder a sus tenencias de Bitcoin. Vuelva a verificar las direcciones de correo electrónico y las firmas digitales de las URL para garantizar la seguridad.

b) Tenga cuidado con los intentos de phishing: los intentos de phishing involucran a estafadores que se hacen pasar por entidades confiables para engañarlo y lograr que proporcione sus claves privadas o credenciales de inicio de sesión. Sea escéptico con los correos electrónicos o mensajes no solicitados que soliciten su información personal. Siempre verifique la credibilidad del remitente antes de tomar cualquier medida.

c) Infórmese: manténgase informado sobre las últimas estafas y técnicas de phishing que prevalecen en el ecosistema de Bitcoin. Manténgase actualizado con las mejores prácticas de seguridad y utilice fuentes confiables para obtener información.

d) Actualizar el software periódicamente: mantenga sus dispositivos de billeteras Bitcoin y el software asociado actualizados con los últimos parches de seguridad. La actualización periódica de su software garantiza que se parcheen las vulnerabilidades conocidas, lo que reduce el riesgo de explotación.

En conclusión, proteger sus tenencias de Bitcoin requiere una combinación de mejores prácticas y un comportamiento cauteloso. Si sigue las pautas para proteger las claves privadas, implementa la autenticación de dos factores, utiliza billeteras con múltiples firmas, adopta métodos de almacenamiento en frío y es consciente de las estafas y los intentos de phishing, puede mejorar significativamente la seguridad de sus inversiones en Bitcoin. Recuerde siempre priorizar la seguridad e informarse periódicamente sobre las amenazas en evolución y las mejores prácticas en el ecosistema de Bitcoin.

12

Cumplimiento legal y regulatorio

Garantizar el cumplimiento legal y regulatorio en el espacio de las criptomonedas es imperativo e implica varias consideraciones clave. En primer lugar, es fundamental comprender las normativas específicas aplicables en su jurisdicción, ya que pueden variar significativamente de un lugar a otro. Cumplir con los requisitos de Conozca a su Cliente (KYC) y Anti-Lavado de Dinero (AML) al tratar con bolsas o instituciones financieras es una obligación fundamental. Mantenerse actualizado con las regulaciones fiscales relacionadas con las transacciones de criptomonedas, incluidos los informes y el impuesto a las ganancias de capital, es crucial para evitar problemas legales. Además, tenga en cuenta los requisitos de licencia para empresas o personas que operan en la industria de las criptomonedas. Monitorear y adaptarse periódicamente a los cambios en los marcos regulatorios es esencial para garantizar el cumplimiento continuo y mitigar los riesgos legales. Contratar a un asesor legal con experiencia en la ley de criptomonedas puede proporcionar una guía valiosa para navegar este complejo panorama regulatorio.

12.1 Tributación de las Criptomonedas:

La tributación de las criptomonedas es un aspecto importante del cumplimiento legal y regulatorio. La criptomoneda se considera un activo digital a efectos fiscales y su tributación varía de un país a otro. En general, hay dos áreas principales de tributación cuando se trata de criptomonedas: el impuesto a las ganancias de capital y el impuesto a la renta.

El impuesto a las ganancias de capital se aplica cuando vende o intercambia criptomonedas para obtener ganancias. El monto imponible se calcula restando la base del costo (el monto que pagó para adquirir la criptomoneda) del producto de la venta. El monto resultante está sujeto a la tasa impositiva sobre ganancias de capital aplicable.

Por ejemplo, digamos que compraste 1 Bitcoin por $10000 y luego lo vendiste por $15000. En este escenario, su ganancia de capital sería de $5000 ($15000 - $10000). Dependiendo de las leyes fiscales de su país, deberá declarar y pagar el impuesto sobre las ganancias de capital sobre esta cantidad.

El impuesto sobre la renta es relevante cuando recibe criptomonedas como pago por bienes o servicios o cuando las extrae o recibe a través de otras formas de adquisición. En tales casos, el valor justo de mercado de la criptomoneda recibida se considera ingreso sujeto a impuestos y debe declararse en consecuencia.

Por ejemplo, si usted es un profesional independiente que recibe 0,5 Bitcoin como pago por un proyecto, el valor justo de mercado de ese Bitcoin en el momento de la recepción debe determinarse e informarse como ingreso en su declaración de impuestos.

Es importante tener en cuenta que las regulaciones fiscales que rodean las criptomonedas pueden ser complejas y estar sujetas a cambios. Por lo tanto, es recomendable consultar con un profesional fiscal o un contador que se especialice en criptomonedas para asegurarse de cumplir con las leyes fiscales específicas de su jurisdicción.

12.2 Requisitos de presentación de informes:

Además de los impuestos, existen requisitos de presentación de informes que las personas y las empresas deben cumplir cuando tratan con criptomonedas. Estos requisitos se centran principalmente en brindar transparencia y combatir actividades ilícitas como el lavado de dinero y la financiación del terrorismo.

Uno de los requisitos clave de presentación de informes es la obligación de informar las transacciones de criptomonedas que superen un determinado umbral. Este umbral varía de un país a otro. Por ejemplo, en los Estados Unidos, cualquier individuo o empresa que reciba más de $10,000 en criptomonedas en una sola transacción o en una serie de transacciones relacionadas debe presentar un Informe de cuentas bancarias y financieras extranjeras (FBAR) ante la Red de ejecución de delitos financieros (FinCEN). .

Además, muchos países exigen que se informen las tenencias y transacciones de criptomonedas en las declaraciones de impuestos. Esto incluye revelar la adquisición, venta o intercambio de criptomonedas y proporcionar información detallada, como las fechas de las transacciones, los montos y las contrapartes involucradas.

Es fundamental mantener registros precisos de las transacciones de criptomonedas para cumplir con los requisitos de presentación de informes. Esto implica documentar la fecha, el monto, el propósito y las partes involucradas en cada transacción. No informar las transacciones de criptomonedas o proporcionar información inexacta puede resultar en multas o incluso consecuencias legales.

12.3 Regulaciones ALD/KYC:

Las regulaciones contra el lavado de dinero (AML) y Conozca a su cliente (KYC) están diseñadas para prevenir y detectar actividades ilícitas como el lavado de dinero, la financiación del terrorismo u otras actividades delictivas en el espacio de las criptomonedas. Las regulaciones AML/KYC tienen como objetivo garantizar que los intercambios de criptomonedas y las instituciones financieras adopten prácticas sólidas para verificar la identidad de sus clientes y detectar transacciones sospechosas.

Los procedimientos KYC requieren que las personas proporcionen documentos de identificación y otra información personal al abrir una cuenta en un intercambio o plataforma comercial de criptomonedas. Esta información se utiliza para verificar la identidad del cliente y garantizar el cumplimiento de las regulaciones AML.

Por ejemplo, para abrir una cuenta en un intercambio de criptomonedas, es posible que deba enviar una copia de su pasaporte o licencia de conducir, un documento de prueba de domicilio y posiblemente incluso una selfie u otros datos biométricos para verificar la identidad.

Las regulaciones ALD requieren que los intercambios de criptomonedas implementen sistemas integrales para monitorear y reportar transacciones sospechosas. Esto incluye implementar herramientas de monitoreo de transacciones, establecer procesos de debida diligencia del cliente e informar cualquier actividad sospechosa a las autoridades pertinentes.

12.4 Implicaciones legales de la propiedad de criptomonedas:

Poseer criptomonedas tiene implicaciones legales que las personas deben conocer. Si bien el estatus legal de las criptomonedas varía según las jurisdicciones, comprender las posibles consecuencias legales puede ayudar a las personas a tomar decisiones informadas y garantizar el cumplimiento de las leyes aplicables.

Una implicación legal es la posibilidad de cambios regulatorios o restricciones a la propiedad de criptomonedas. Los gobiernos han estado implementando regulaciones para abordar los riesgos asociados con las criptomonedas, como la manipulación fraudulenta del mercado y la evasión fiscal. Estas regulaciones pueden afectar la legalidad y el uso de las criptomonedas en determinadas jurisdicciones.

Por ejemplo, algunos países han prohibido o restringido por completo el uso de criptomonedas, mientras que otros han implementado requisitos de licencia para los negocios de criptomonedas. Es esencial que las personas se mantengan actualizadas con el panorama legal para comprender las implicaciones de poseer y usar criptomonedas.

Otra consideración legal es la responsabilidad de proteger las claves y billeteras privadas. Las criptomonedas se almacenan en billeteras digitales y las claves privadas asociadas con estas billeteras son cruciales para acceder y transferir los fondos. Perder o comprometer estas claves privadas puede resultar en la pérdida permanente de fondos. Por lo tanto, las personas deben tomar medidas adecuadas para proteger sus claves privadas y billeteras, como el uso de contraseñas seguras que permitan la autenticación de dos factores y el uso de billeteras de hardware.

Además, pueden surgir implicaciones legales al participar en actividades relacionadas con criptomonedas, como ofertas iniciales de monedas (ICO) o ventas de tokens. Las ICO implican la emisión de tokens digitales para recaudar fondos para un proyecto o empresa. Sin embargo, el estatus legal de las ICO varía según las jurisdicciones y las autoridades reguladoras han expresado preocupaciones con respecto a la protección de los inversores y el fraude. Las personas que participan en ICO deben considerar cuidadosamente las implicaciones legales y buscar asesoramiento profesional si es necesario.

12.5 Acciones de cumplimiento del gobierno:

Las acciones gubernamentales de aplicación de la ley en el espacio de las criptomonedas han ido en aumento a medida que los reguladores apuntan a proteger a los inversores, mantener la integridad del mercado y combatir las actividades ilegales. Estas medidas de aplicación de la ley pueden adoptar diversas formas, como investigaciones, enjuiciamientos y sanciones.

Un área notable de aplicación de la ley son las ofertas iniciales de monedas (ICO) fraudulentas y no registradas. Los reguladores han tomado medidas enérgicas contra las ICO que engañan a los inversores con falsas promesas o no cumplen con las leyes de valores. Por ejemplo, la Comisión de Bolsa y Valores (SEC) de los Estados Unidos ha emprendido acciones legales contra numerosas ICO por vender valores no registrados o participar en prácticas fraudulentas.

Además, los intercambios de criptomonedas y las plataformas comerciales se han enfrentado a escrutinio regulatorio y acciones de cumplimiento. Los casos de manipulación del mercado, medidas de seguridad inadecuadas y falta de implementación de procedimientos AML/KYC han resultado en multas y, en algunos casos, cierres de intercambios.

Por ejemplo, la Autoridad de Conducta Financiera (FCA) del Reino Unido ha impuesto requisitos estrictos a los intercambios de criptomonedas para abordar las preocupaciones contra el lavado de dinero y la protección del consumidor. El incumplimiento de estos requisitos puede resultar en acciones regulatorias que incluyen multas y la suspensión de operaciones.

Además, los gobiernos han estado cooperando internacionalmente para combatir las actividades ilegales facilitadas por las criptomonedas. Las autoridades han combinado esfuerzos para rastrear y rastrear transacciones involucradas en el lavado de dinero, el financiamiento del terrorismo y otras actividades criminales. Esta colaboración ha dado lugar a acciones de aplicación de la ley multinacionales y al cierre de actividades ilícitas facilitadas por las criptomonedas.

En conclusión, el cumplimiento legal y regulatorio es un aspecto crucial al tratar con criptomonedas. Requisitos de declaración de impuestos Las regulaciones AML/KYC, las implicaciones legales de la propiedad y las acciones de cumplimiento del gobierno son áreas clave que las personas y las empresas deben comprender y cumplir. Mantenerse informado sobre el panorama legal y buscar asesoramiento profesional cuando sea necesario ayudará a garantizar el cumplimiento y navegar por el entorno regulatorio en evolución en el espacio de las criptomonedas.

13

Usos cotidianos de Bitcoin

13. Usos cotidianos de Bitcoin

Bitcoin, la criptomoneda pionera, ha ganado una popularidad y adopción significativas desde su creación en 2009. Aunque inicialmente se consideró una inversión puramente especulativa, Bitcoin ha evolucionado hasta convertirse en un medio de intercambio viable. Hoy en día, Bitcoin se utiliza en diversas actividades cotidianas, tanto en línea como fuera de línea. En este artículo profundizaremos en las diferentes formas en que las personas pueden usar Bitcoin en su vida cotidiana junto con varios ejemplos.

13.1 Compras en línea y minoristas

Uno de los usos más comunes de Bitcoin es para compras minoristas y en línea. Con la creciente aceptación de Bitcoin por parte de los comerciantes de todo el mundo, los consumidores pueden utilizar sus tenencias de Bitcoin para comprar una amplia gama de productos y servicios.

Muchas plataformas de comercio electrónico y tiendas minoristas han integrado pasarelas de pago de Bitcoin que permiten a los clientes realizar compras utilizando la criptomoneda. Por ejemplo, Overstock.com, un popular minorista en línea, fue una de las primeras empresas importantes en adoptar Bitcoin como opción de pago.

Además, numerosos mercados en línea como Bitify y Open-Bazaar ofrecen plataformas para que las personas compren y vendan productos utilizando Bitcoin como moneda principal. Estas plataformas amplían el uso de Bitcoin más allá de los canales minoristas tradicionales y permiten transacciones entre pares.

13.2 Tarjetas de regalo y servicios de regalo

Las tarjetas de regalo han sido durante mucho tiempo una opción popular para cumpleaños, fiestas y ocasiones especiales. Bitcoin ha entrado ahora en el mundo de los regalos con la aparición de las tarjetas o vales de regalo de Bitcoin. Estas tarjetas de regalo funcionan de manera similar a las tarjetas de regalo tradicionales, pero en lugar de estar denominadas en monedas fiduciarias, contienen una cantidad específica de Bitcoin. Luego, los destinatarios pueden canjear la tarjeta de regalo y convertir Bitcoin a su moneda preferida o utilizarla para compras en línea.

Varias empresas, como Gyft y eGifter, ofrecen tarjetas de regalo de Bitcoin que se pueden utilizar en varios minoristas, incluidos Amazon Walmart y Starbucks. Esto proporciona una manera conveniente para que las personas presenten Bitcoin a sus amigos y familiares y, al mismo tiempo, les brinda la flexibilidad de elegir sus propios regalos.

Además, han surgido servicios de obsequios específicamente dirigidos a los entusiastas de Bitcoin. Estos servicios permiten a los usuarios enviar Bitcoin directamente a la dirección de correo electrónico o al número de móvil de alguien como regalo. Luego, el destinatario puede reclamar el Bitcoin y almacenarlo o utilizarlo para transacciones. Este método reduce la complejidad de las transacciones de Bitcoin y las hace más accesibles para usuarios no técnicos.

13.3 Transacciones entre pares

La naturaleza descentralizada de Bitcoin lo hace ideal para transacciones entre pares, eliminando la necesidad de intermediarios como bancos o procesadores de pagos. Las transacciones entre pares implican la transferencia directa de Bitcoin de una persona a otra sin necesidad de autorización de un tercero.

Plataformas como LocalBitcoins y Paxful facilitan los intercambios de Bitcoin entre pares. Estas plataformas conectan a compradores y vendedores de Bitcoin, permitiéndoles negociar y completar transacciones de manera segura. Los intercambios P2P brindan a las personas un mayor control sobre sus fondos y permiten transacciones más rápidas y económicas en comparación con los sistemas bancarios tradicionales.

Además de los intercambios P2P, también existen mercados descentralizados que permiten a las personas comprar y vender bienes y servicios directamente con Bitcoin. Un ejemplo de ello es OpenBazaar, que funciona como un mercado descentralizado impulsado por tecnología blockchain. Los usuarios pueden crear tiendas en línea con listas de artículos a la venta y aceptar Bitcoin como pago.

13.4 Donaciones y crowdfunding

Bitcoin también ha encontrado un hogar en el ámbito de las donaciones caritativas y el crowdfunding. La transparencia y trazabilidad de las transacciones de Bitcoin las convierten en una opción atractiva para los donantes, ya que pueden verificar que sus contribuciones se utilizan para el fin previsto.

Organizaciones sin fines de lucro y organizaciones benéficas de todo el mundo aceptan donaciones de Bitcoin. Al agregar Bitcoin como opción de pago, estas organizaciones pueden ampliar su alcance y aprovechar una base de donantes expertos en tecnología. Algunas organizaciones conocidas que aceptan donaciones de Bitcoin incluyen la Electronic Frontier Foundation (EFF WikiLeaks y Water Project.

Además, las plataformas de financiación colectiva han comenzado a adoptar Bitcoin. Plataformas como Kickstarter e Indiegogo han integrado opciones de pago de Bitcoin que brindan a empresarios e individuos creativos un método de financiación alternativo. La naturaleza global de Bitcoin también permite que se realicen campañas de financiación colectiva transfronterizas que permitan contribuir a donantes de cualquier parte del mundo.

13.5 Remesas y pagos transfronterizos

Bitcoin tiene el potencial de revolucionar las remesas internacionales y los pagos transfronterizos. Los servicios de remesas tradicionales suelen ser costosos, requieren mucho tiempo y están sujetos a diversas restricciones y regulaciones. Bitcoin ofrece una alternativa eficiente y sin fronteras.

Al aprovechar Bitcoin, las personas pueden enviar dinero internacionalmente con tarifas reducidas y tiempos de transacción más rápidos. Esto es particularmente beneficioso para las personas de los países en desarrollo que dependen de las remesas de familiares que trabajan en el extranjero.

Por ejemplo, la plataforma BitPesa permite a los usuarios de África enviar dinero a Kenia, Nigeria, Uganda y Tanzania utilizando Bitcoin. BitPesa convierte el destinatario local de Bitcoin enviado. porque Bitcoin se convierte en un medio para permitir las actividades de la criptomoneda. Ya sea para compras en línea, tarjetas de regalo, transacciones entre pares, donaciones o pagos transfronterizos, Bitcoin ofrece una variedad de beneficios, como tarifas bajas, mayor seguridad y transacciones sin fronteras. A medida que la adopción continúa creciendo y más empresas e individuos adoptan Bitcoin, es probable que su uso diario se expanda aún más.

14

Bitcoin y privacidad

Mantener la privacidad al usar Bitcoin es un aspecto matizado, influenciado por varios factores. En primer lugar, es esencial comprender que las transacciones de Bitcoin se almacenan en un libro de contabilidad público, la cadena de bloques. Para mejorar la privacidad, los usuarios pueden emplear técnicas como CoinJoin o utilizar criptomonedas centradas en la privacidad como Monero o Zcash, que ofrecen funciones de privacidad más avanzadas. La elección de la billetera es fundamental; Optar por billeteras que prioricen la privacidad y le permitan controlar sus claves privadas puede ofrecer un mejor anonimato. Además, evitar la reutilización de direcciones de Bitcoin y generar nuevas direcciones con frecuencia puede ayudar a proteger su identidad. Ser cauteloso a la hora de revelar información personal y practicar una buena higiene en materia de ciberseguridad también es crucial para salvaguardar su privacidad en el ecosistema de Bitcoin. Por último, mantenerse informado sobre la evolución de las soluciones de privacidad y las posibles vulnerabilidades es vital para mantener el anonimato al utilizar Bitcoin.

14.1 Monedas de privacidad

Bitcoin, la primera y más conocida criptomoneda, a menudo se ha promocionado como una forma segura y anónima de pago digital. Sin embargo, es esencial comprender que la tecnología blockchain subyacente de Bitcoin está diseñada para ser transparente e inmutable. Si bien las direcciones de Bitcoin son seudónimas, lo que significa que no revelan directamente la identidad del usuario, todas las transacciones realizadas con Bitcoin se registran en un libro de contabilidad público conocido como blockchain. Esto significa que cualquiera puede ver los detalles de la transacción, como el monto enviado y las direcciones de envío y recepción.

Para abordar la necesidad de privacidad financiera, se introdujeron monedas de privacidad. Estas criptomonedas tienen como objetivo proporcionar características mejoradas de privacidad y anonimato que van más allá de la naturaleza transparente de Bitcoin. Las monedas de privacidad logran esto mediante la implementación de varias técnicas centradas en la privacidad, como firmas de anillo, direcciones sigilosas y transacciones confidenciales.

Un ejemplo de moneda de privacidad es Monero (XMR). Monero utiliza firmas de anillo que mezclan la transacción del gastador con un grupo de otras transacciones para dificultar la determinación de la fuente exacta de los fondos. También emplea direcciones ocultas para ofuscar la identidad del destinatario. Además, Monero oculta el monto de cada transacción mediante transacciones confidenciales, lo que garantiza que el valor de la transacción permanezca privado.

Otra moneda de privacidad es Zcash (ZEC, que utiliza una tecnología llamada pruebas de conocimiento cero. Las pruebas de conocimiento cero permiten la verificación de transacciones sin revelar ninguna información sobre el remitente, el receptor o el monto de la transacción. Esto permite transacciones seguras y anónimas mientras se mantiene la descentralización. y propiedades de seguridad de la tecnología blockchain.

14.2 Anonimato versus transparencia

El debate sobre la privacidad y la transparencia gira en torno a lograr un equilibrio entre proteger los derechos de privacidad individuales y garantizar la seguridad y la responsabilidad en el sistema financiero. Si bien las monedas de privacidad ofrecen características de privacidad mejoradas, también plantean preocupaciones sobre su posible uso indebido para actividades ilícitas como el lavado de dinero y la financiación de empresas criminales.

Los defensores de las monedas de privacidad argumentan que la privacidad es un derecho humano fundamental y que los individuos deberían tener derecho a controlar la divulgación de sus transacciones financieras. Creen que una mayor privacidad financiera puede proteger a las personas de la vigilancia, el robo de identidad y la elaboración de perfiles.

Por otro lado, los reguladores y los organismos encargados de hacer cumplir la ley expresan su preocupación de que las monedas de privacidad puedan permitir actividades ilícitas y obstaculizar la capacidad de rastrear e investigar transacciones criminales. Sostienen que la transparencia es crucial para mantener la integridad del sistema financiero y combatir el lavado de dinero, la financiación del terrorismo y otras actividades ilícitas.

Lograr un equilibrio entre privacidad y transparencia es una tarea compleja. Requiere considerar tanto el derecho del individuo a la privacidad como la necesidad de supervisión regulatoria y aplicación de la ley. Los avances tecnológicos, como las monedas de privacidad, desafían los marcos regulatorios existentes y obligan a los formuladores de políticas a adaptarse al panorama cambiante de las monedas digitales.

14.3 Preocupaciones y soluciones de privacidad

Si bien las monedas de privacidad ofrecen funciones de privacidad mejoradas, todavía existen posibles preocupaciones sobre la privacidad que los usuarios deben tener en cuenta. A continuación se presentan algunas inquietudes sobre privacidad y posibles soluciones:

1. Reutilización de direcciones: reutilizar la misma dirección para múltiples transacciones puede comprometer la privacidad. Permite que cualquiera vincule las transacciones realizadas a la misma dirección, lo que podría revelar los patrones de gasto de un usuario. Para abordar esta preocupación, los usuarios deben emplear las mejores prácticas y generar una nueva dirección para cada transacción.

2. Análisis de red: Se pueden utilizar técnicas sofisticadas de análisis de red para rastrear transacciones y potencialmente identificar a las partes involucradas. Las monedas de privacidad abordan esta preocupación mediante la implementación de

técnicas como firmas de anillo y pruebas de conocimiento cero que confunden los detalles de las transacciones y dificultan el seguimiento del origen y destino de los fondos.

3. Fugas de metadatos: si bien las monedas de privacidad pueden ocultar detalles de transacciones, otras formas de metadatos, como el tiempo de las transacciones y el análisis del tráfico de la red, aún se pueden utilizar para obtener información sobre las actividades de los usuarios. Una solución para combatir las filtraciones de metadatos es utilizar tecnologías que mejoren la privacidad, como Tor o VPN, para ofuscar el tráfico de la red y proteger el anonimato del usuario.

4. Riesgos de Exchange y de terceros: los Exchanges y los servicios de terceros pueden plantear riesgos de privacidad al recopilar y almacenar datos de los usuarios. Los usuarios deben ser cautelosos y elegir plataformas acreditadas que prioricen la privacidad del usuario e implementen estrictas medidas de protección de datos.

14.4 Protección de su privacidad financiera

La privacidad es un concepto multifacético y proteger su privacidad financiera va más allá del uso de monedas de privacidad. Aquí hay algunas medidas adicionales que puede tomar para mejorar su privacidad financiera:

1. Utilice carteras seguras: utilice carteras seguras para almacenar sus criptomonedas. Las carteras de hardware como Ledger o Trezor brindan una capa adicional de seguridad al mantener sus claves privadas fuera de línea y alejadas de posibles amenazas

en línea.

2. Mezcladores o vasos: si utiliza criptomonedas transparentes como Bitcoin, puede utilizar mezcladores o vasos para mezclar sus monedas con otras, lo que dificulta el seguimiento del flujo de fondos. Estos servicios agrupan transacciones para crear un nivel de anonimato y al mismo tiempo preservar la fungibilidad de la moneda.

3. Autocustodia: considere opciones de autocustodia para mantener un control total sobre sus fondos. Esto implica almacenar sus criptomonedas en una billetera donde usted controla las claves privadas, lo que reduce el riesgo de violaciones de datos de terceros.

4. Acceso a redes seguras: al realizar transacciones en línea, asegúrese de estar conectado a redes seguras, especialmente cuando se trata de transacciones financieras confidenciales. Las redes Wi-Fi públicas pueden verse comprometidas fácilmente, comprometiendo potencialmente su privacidad financiera.

5. Supervise la presencia en línea: tenga en cuenta la información que comparte públicamente en línea, especialmente en las plataformas de redes sociales. Evite exponer detalles financieros confidenciales que podrían usarse para rastrear o identificar sus transacciones.

6. Educación sobre privacidad: manténgase actualizado con los últimos avances en tecnologías y mejores prácticas para mejorar la privacidad. Informarse continuamente sobre las herramientas y técnicas de privacidad puede ayudarle a mantener

el control sobre su privacidad financiera.

14.5 Privacidad en la era de la vigilancia

La privacidad financiera se ha vuelto cada vez más importante en una era de vigilancia y recopilación de datos generalizadas. Los gobiernos y las corporaciones recopilan continuamente grandes cantidades de datos personales para diversos fines, incluida la publicidad dirigida, el seguimiento del comportamiento del consumidor y las actividades de aplicación de la ley.

Las criptomonedas y las monedas de privacidad ofrecen una solución potencial para mitigar algunas de las preocupaciones de privacidad asociadas con los sistemas financieros tradicionales. Sin embargo, es esencial reconocer que la privacidad financiera se extiende más allá del ámbito de las criptomonedas. Es necesario abordar de manera integral las cuestiones más amplias de la vigilancia de la privacidad de los datos y el seguimiento en línea.

Los marcos regulatorios deben lograr un equilibrio entre permitir los derechos de privacidad y garantizar que no se abuse de los sistemas financieros para actividades ilícitas. Esto requiere la colaboración entre los responsables de la formulación de políticas, los tecnólogos y los defensores de la privacidad para establecer pautas que protejan la privacidad individual y al mismo tiempo mantengan las salvaguardias necesarias contra actividades delictivas.

Como usuarios, es fundamental ser conscientes de nuestra huella digital y ser proactivos a la hora de proteger nuestra privacidad. Adoptar tecnologías que mejoren la privacidad utilizando redes seguras, practicando la minimización de datos y siendo conscientes de nuestros derechos como individuos puede contribuir a preservar la privacidad financiera en la era de la vigilancia.

En conclusión, las monedas de privacidad como Monero y Zcash ofrecen características de privacidad mejoradas que van más allá de la transparencia de Bitcoin. Emplean técnicas como firmas de anillo, direcciones sigilosas y pruebas de conocimiento cero para mitigar los problemas de privacidad. Sin embargo, la privacidad financiera requiere un enfoque multifacético que incluya las mejores prácticas, billeteras seguras y educación sobre privacidad. Equilibrar la privacidad y la transparencia es un desafío continuo que requiere la colaboración entre las partes interesadas para dar forma a marcos regulatorios que protejan la privacidad individual y al mismo tiempo aborden la necesidad de supervisión y seguridad. Es fundamental comprender que la privacidad financiera se extiende más allá de las criptomonedas y abarca cuestiones más amplias de vigilancia de la privacidad de los datos y seguimiento en línea.

15

El impacto de Bitcoin en las finanzas y la economía

El impacto de Bitcoin en las finanzas y la economía es multifacético y está determinado por una compleja interacción de factores. En primer lugar, ha introducido el concepto de monedas digitales descentralizadas y tecnología blockchain, desafiando los sistemas financieros tradicionales y fomentando la innovación en áreas como los pagos transfronterizos y los contratos inteligentes. La oferta limitada de Bitcoin, a menudo comparada con el oro, ha provocado debates sobre su papel potencial como cobertura contra la inflación y la inestabilidad económica, influyendo en las estrategias de inversión y la diversificación de carteras.

Sin embargo, la volatilidad de sus precios ha generado preocupaciones sobre su idoneidad como depósito estable de valor y medio de intercambio. Además, los avances regulatorios y las respuestas gubernamentales han variado a nivel mundial, lo que ha impactado su adopción y legitimidad en diferentes jurisdicciones. El interés institucional, evidenciado por las inversiones de grandes corporaciones y administradores de activos, ha validado e impactado el papel de Bitcoin en la economía en general.

Además, Bitcoin ha dado lugar a una nueva clase de activos y ecosistema financiero, incluido el surgimiento de intercambios de criptomonedas, plataformas de préstamos y proyectos de finanzas descentralizadas (DeFi), lo que contribuye a la evolución de los mercados financieros. También ha provocado debates sobre las monedas digitales de los bancos centrales (CBDC) y su posible impacto en la política monetaria.

En conclusión, la influencia de Bitcoin en las finanzas y la economía es un fenómeno complejo y en evolución, y su papel remodela continuamente los paradigmas financieros tradicionales, estimula la innovación y provoca debates regulatorios y económicos. Comprender y navegar este panorama requiere una perspectiva integral de sus aspectos tecnológicos, económicos y regulatorios.

15.1 Potencial disruptivo de Bitcoin

Bitcoin, como moneda digital descentralizada, tiene el potencial de alterar los sistemas financieros tradicionales de varias maneras. Uno de los potenciales disruptivos clave es la eliminación de intermediarios en las transacciones financieras. Al utilizar una red peer-to-peer, Bitcoin permite a los usuarios realizar transacciones directamente sin la necesidad de bancos u otras instituciones financieras. Esta naturaleza peer-to-peer permite transacciones más rápidas y económicas, reduciendo los costos asociados con los sistemas financieros tradicionales.

Además, la tecnología subyacente de Bitcoin, la cadena de bloques, crea un libro de contabilidad transparente e inmutable de todas las transacciones. Esta característica mejora la confianza entre los participantes, ya que pueden verificar fácilmente los historiales de transacciones. También reduce la posibilidad de fraude o manipulación.

Además, el suministro limitado de Bitcoin y su naturaleza descentralizada lo hacen resistente al control o manipulación gubernamental. Esto significa que Bitcoin puede actuar como una reserva de valor alternativa que podría proporcionar una cobertura contra la inflación o la inestabilidad económica.

15.2 Implicaciones de la política monetaria

La oferta limitada de Bitcoin y su naturaleza descentralizada también tienen implicaciones para la política monetaria. A diferencia de las monedas fiduciarias tradicionales, que los bancos centrales pueden crear o manipular fácilmente, Bitcoin opera con un programa de suministro fijo. Sólo habrá un máximo de 21 millones de bitcoins en circulación. Esta escasez le da a Bitcoin una naturaleza deflacionaria donde el valor de la moneda puede aumentar con el tiempo.

Esta naturaleza deflacionaria de Bitcoin desafía la política monetaria convencional que apunta a mantener una tasa de inflación estable. Los bancos centrales suelen utilizar objetivos de inflación para estimular el crecimiento económico o controlar la inflación. Sin embargo, el suministro fijo de Bitcoin lo hace inmune a este tipo de medidas políticas que podrían complicar la gestión económica.

Además, a medida que Bitcoin gane una mayor aceptación, puede plantear desafíos al dominio de las monedas fiduciarias tradicionales. Si la gente comienza a utilizar Bitcoin para las transacciones cotidianas, los bancos centrales podrían perder su capacidad de controlar la oferta monetaria y las tasas de interés, lo que podría afectar su capacidad para gestionar la estabilidad económica.

15.3 Inclusión financiera y accesibilidad

Bitcoin tiene el potencial de mejorar la inclusión financiera y la accesibilidad, especialmente para las personas que no cuentan con servicios bancarios o no cuentan con servicios bancarios suficientes. En muchas partes del mundo los servicios bancarios tradicionales son limitados, caros o inaccesibles por diversas razones. Bitcoin ofrece un sistema financiero alternativo que no requiere presencia física ni largos procesos de verificación.

Con Bitcoin, cualquier persona con conexión a Internet puede crear una billetera digital y comenzar a realizar transacciones. Esto abre oportunidades para que personas de áreas remotas, países en desarrollo o regiones con infraestructura bancaria limitada participen en la economía global. Al permitir transacciones entre pares, Bitcoin puede facilitar las remesas transfronterizas, reduciendo los costos y el tiempo asociados con los métodos de envío tradicionales.

Además, Bitcoin tiene el potencial de proporcionar servicios financieros a quienes han sido excluidos del sistema bancario tradicional debido a la falta de identificación o historial crediticio. A través de Bitcoin, las personas pueden acceder a servicios financieros básicos, como pagos de ahorro y préstamos, sin depender de los sistemas bancarios tradicionales.

15.4 Desafíos de la banca tradicional

El auge de Bitcoin plantea varios desafíos a los sistemas bancarios tradicionales. A medida que más personas adopten Bitcoin, puede haber una disminución en la demanda de servicios bancarios tradicionales, como cuentas corrientes o tarjetas de crédito. Las transacciones entre pares de Bitcoin y sus menores costos de transacción lo convierten en una alternativa atractiva para las personas que buscan una forma más eficiente y rentable de administrar sus finanzas.

Además, la naturaleza descentralizada de Bitcoin desafía el control centralizado que ejercen los bancos. Con Bitcoin, los individuos tienen control total sobre sus fondos y pueden realizar transacciones directamente con otros. Esto reduce la necesidad de intermediarios, lo que podría reducir los ingresos generados por los bancos a partir de las tarifas de transacción.

Además, los bancos tradicionales pueden enfrentarse a la competencia de los servicios financieros relacionados con Bitcoin, como las carteras de intercambio de Bitcoin y las plataformas de préstamos. Estos servicios ofrecen alternativas a los servicios bancarios tradicionales y pueden atraer clientes que buscan los beneficios del ecosistema Bitcoin.

Sin embargo, es importante señalar que Bitcoin y los sistemas bancarios tradicionales no son mutuamente excluyentes. Muchas instituciones financieras están comenzando a explorar la integración de Bitcoin y la tecnología blockchain en sus operaciones existentes. Esto puede llevar a colaboraciones entre bancos tradicionales y empresas relacionadas con Bitcoin creando un ecosistema financiero híbrido que combine las fortalezas de ambos sistemas.

En conclusión, Bitcoin tiene el potencial de alterar el panorama económico y financiero tradicional de manera significativa. Su naturaleza de transparencia entre pares y su oferta limitada lo convierten en una alternativa atractiva a los sistemas financieros tradicionales. El impacto de Bitcoin se puede observar en las implicaciones de la política monetaria de inclusión financiera y los desafíos que plantea a la banca tradicional. Es crucial monitorear los desarrollos actuales en el ecosistema de Bitcoin, ya que continúa dando forma al futuro de las finanzas y la economía.

16

Consideraciones ambientales y energéticas

Las consideraciones medioambientales y energéticas son cada vez más importantes en el contexto de las operaciones de minería de Bitcoin y criptomonedas. El mecanismo de consenso de prueba de trabajo (PoW) de Bitcoin, que consume mucha energía, ha generado preocupaciones sobre su huella de carbono y su sostenibilidad. El impacto ambiental de la minería, impulsada principalmente por plantas alimentadas con carbón en algunas regiones, ha provocado debates sobre su contribución a las emisiones de gases de efecto invernadero.

Los esfuerzos para mitigar estas preocupaciones incluyen un cambio hacia fuentes de energía renovables para las operaciones mineras, con algunos mineros a gran escala estableciendo instalaciones cerca de centros de energía renovable. Además, los mecanismos de consenso alternativos como la prueba de participación (PoS) están ganando atención por sus menores requisitos de energía. Lograr un equilibrio entre la innovación de las criptomonedas y la sostenibilidad ambiental sigue siendo un desafío apremiante, con debates e iniciativas en curso para reducir la huella de carbono de la industria de las criptomonedas.

16.1 Minería de Bitcoin y consumo de energía

La minería de Bitcoin es el proceso de validar y agregar nuevas transacciones a la cadena de bloques, el libro de contabilidad descentralizado que registra todas las transacciones de Bitcoin. Se logra mediante una potencia computacional masiva, resolviendo problemas matemáticos complejos y compitiendo con otros mineros en una carrera para encontrar la solución. Este proceso requiere una cantidad significativa de consumo de energía.

El consumo de energía de la minería de Bitcoin ha sido un tema de preocupación y debate. La naturaleza descentralizada de la minería de Bitcoin significa que cualquier persona con acceso a hardware potente puede participar en el proceso de minería. Como resultado, los mineros han aumentado la potencia computacional dedicada a la minería para seguir siendo competitivos, lo que lleva a un aumento en el consumo de energía.

El consumo de energía de la minería de Bitcoin se puede atribuir a dos factores principales. En primer lugar, el hardware utilizado para la minería, especialmente los mineros ASIC (circuito integrado de aplicación específica), requiere una cantidad significativa de electricidad para funcionar. Estas máquinas están diseñadas específicamente para la minería y son muy eficientes a la hora de realizar los cálculos necesarios. Sin embargo, su eficiencia tiene el coste de un mayor consumo de energía.

El segundo factor que contribuye al consumo de energía es el algoritmo de consenso utilizado por Bitcoin conocido como prueba de trabajo. Este algoritmo garantiza que la red alcance un consenso sobre la validez de las transacciones al exigir a los mineros que proporcionen pruebas de su trabajo computacional. Este proceso consume mucha energía, ya que implica ejecutar continuamente el hardware de minería y resolver problemas matemáticos complejos.

El consumo de energía de la minería de Bitcoin ha generado críticas porque contribuye a las emisiones de carbono y ejerce presión sobre los recursos energéticos globales. En 2019, un informe estimó que la minería de Bitcoin por sí sola representaba el 0,22% del consumo total de electricidad del mundo, superando el consumo de energía de muchos países.

16.2 Prácticas Mineras Sostenibles

Para abordar las preocupaciones ambientales asociadas con la minería de Bitcoin, se han realizado esfuerzos para promover prácticas mineras sostenibles. Estas prácticas tienen como objetivo reducir la huella de carbono de las operaciones mineras y hacer que el proceso sea más respetuoso con el medio ambiente.

Un enfoque para la minería sostenible es el uso de fuentes de energía renovables. Al utilizar energía renovable como la energía solar eólica o hidroeléctrica, los mineros pueden reducir su dependencia de los combustibles fósiles y disminuir las emisiones de carbono. Varias granjas y operaciones mineras han comenzado a adoptar soluciones de energía renovable, ya sea a través de instalaciones en el sitio o mediante la compra de créditos de energía renovable.

Otra estrategia es la optimización del hardware y la infraestructura de minería. Se están desarrollando mineros ASIC más eficientes energéticamente que ayudan a reducir el consumo de energía y al mismo tiempo mantienen la potencia computacional necesaria para la minería. Además, las instalaciones mineras pueden implementar medidas de ahorro de energía, como sistemas de refrigeración eficientes y un aislamiento adecuado para minimizar el desperdicio de energía.

Además, algunas operaciones mineras están explorando el concepto de coubicación donde múltiples empresas comparten la misma infraestructura y recursos. Este enfoque puede maximizar la eficiencia energética al reducir las redundancias y optimizar la utilización de recursos.

16.3 Soluciones de energía renovable

Las soluciones de energía renovable desempeñan un papel crucial para hacer que la minería de Bitcoin sea más sostenible desde el punto de vista medioambiental. Al aprovechar el poder de los recursos naturales, los mineros pueden reducir su huella de carbono y contribuir a un futuro energético más limpio.

La energía solar es una de las fuentes de energía renovable más prometedoras para la minería de Bitcoin. Se pueden instalar paneles solares en los tejados de las instalaciones mineras o en áreas cercanas para generar electricidad. Las granjas mineras ubicadas en regiones con abundante luz solar, como el suroeste de los Estados Unidos, han adoptado soluciones de energía solar. Pueden alimentar directamente sus operaciones mineras o complementar sus necesidades de electricidad con energía solar.

La energía eólica es otra opción renovable para impulsar las operaciones mineras. Las turbinas eólicas se pueden instalar en regiones ventosas, como zonas costeras o llanuras abiertas, para generar electricidad. Los mineros pueden establecer sus parques eólicos o asociarse con proyectos de energía eólica existentes. Muchos países como Dinamarca y Alemania han invertido mucho en infraestructura de energía eólica, convirtiéndola en una opción atractiva para prácticas mineras sostenibles.

La energía hidroeléctrica también es adecuada para la minería de Bitcoin. Las represas hidroeléctricas y las centrales eléctricas generan electricidad aprovechando la fuerza del agua que fluye. Las regiones con abundantes recursos hídricos y topografía adecuada pueden integrar operaciones mineras con centrales hidroeléctricas. Este enfoque no sólo proporciona energía renovable sino que también ayuda a equilibrar las fluctuaciones estacionales en la demanda de electricidad.

16.4 Críticas y debates ambientales

A pesar de los esfuerzos por promover prácticas mineras sostenibles, la minería de Bitcoin continúa enfrentando críticas y debates ambientales. Aquí hay algunos puntos clave de controversia:

1. Huella de carbono: Los críticos argumentan que el alto consumo de energía de la minería de Bitcoin contribuye a las

emisiones de carbono y exacerba el cambio climático. Afirman que el consumo de energía de la minería de Bitcoin es un desperdicio e innecesario.

2. Residuos electrónicos: el rápido avance de la tecnología minera conduce a la actualización y sustitución constante del hardware de minería. El hardware desechado genera desechos electrónicos (desechos electrónicos que plantean riesgos ambientales si no se gestionan o reciclan adecuadamente).

3. Preocupaciones por la centralización: algunos argumentan que la minería de Bitcoin se está volviendo cada vez más centralizada y que unos pocos grupos mineros importantes dominan la red. Esta concentración de poder puede generar preocupaciones ambientales, ya que se concentra más poder en manos de unas pocas entidades, lo que podría afectar los procesos de toma de decisiones relacionados con la sostenibilidad.

4. Tensión de la red energética: Los críticos sugieren que el aumento de la demanda de energía debido a la minería de Bitcoin puede sobrecargar las redes energéticas locales, especialmente en regiones con suministro de electricidad limitado. Esta presión sobre la infraestructura energética puede tener efectos adversos en el medio ambiente y la comunidad local.

5. Impacto ambiental indirecto: la minería de Bitcoin requiere la fabricación y transporte de hardware de minería, lo que aumenta el impacto ambiental general. La extracción de materias primas, como los metales raros utilizados en la producción de hardware para minería, también puede tener consecuencias medioambientales negativas.

16.5 El camino hacia una criptomoneda ecológica

Para superar los desafíos ambientales asociados con la minería de Bitcoin, se están explorando diversas iniciativas y soluciones. Estos esfuerzos tienen como objetivo hacer que la minería de criptomonedas sea más sostenible y reducir su impacto en el medio ambiente.

1. Transición a la prueba de participación: una solución propuesta es la transición del algoritmo de consenso de prueba de trabajo que consume mucha energía al algoritmo de prueba de participación. A diferencia de la prueba de trabajo, la prueba de participación no requiere que los mineros resuelvan problemas matemáticos complejos, sino que selecciona validadores en función de la cantidad de unidades de criptomonedas que poseen. Este enfoque reduce significativamente el consumo de energía, lo que hace que la minería sea más ecológica.

2. Compensación de energía: algunas operaciones mineras están trabajando activamente para compensar sus emisiones de carbono mediante la inversión en proyectos de compensación de carbono. Al apoyar iniciativas que reduzcan las emisiones de gases de efecto invernadero o promuevan las energías renovables, las mineras pueden compensar el impacto ambiental de sus operaciones.

3. Índice de Minería Verde: El desarrollo de un índice de minería verde o un sistema de certificación puede incentivar prácticas sustentables dentro de la industria minera. Este índice evaluaría las operaciones mineras en función del uso de energías renovables, la eficiencia energética y otros criterios respetuosos

con el medio ambiente. Los mineros con puntuaciones más altas serían reconocidos y recompensados fomentando la adopción de prácticas más sostenibles.

4. Participación de la comunidad: Involucrar a las comunidades locales y a las partes interesadas es crucial para crear prácticas mineras sostenibles. Los mineros pueden colaborar con organizaciones ambientales, líderes comunitarios y organismos reguladores para abordar inquietudes, implementar mejores prácticas y garantizar la transparencia en sus operaciones.

5. Educación y concientización: aumentar la concientización pública sobre el impacto ambiental de la minería de Bitcoin puede impulsar la demanda de criptomonedas ecológicas e impulsar a la industria a adoptar prácticas sostenibles. Los esfuerzos para educar al público sobre los beneficios de la energía renovable y el potencial de la tecnología blockchain para apoyar iniciativas de energía limpia pueden ayudar a crear una industria minera más consciente del medio ambiente.

En conclusión, el consumo de energía de la minería de Bitcoin ha generado preocupación sobre su impacto ambiental. Sin embargo, hay esfuerzos en curso para promover prácticas mineras sostenibles, como aprovechar fuentes de energía renovables y optimizar el hardware y la infraestructura minera. Además, la industria de las criptomonedas está explorando algoritmos de consenso alternativos que participan en la compensación de carbono y apuntan a la participación de la comunidad para reducir la huella ecológica de las operaciones mineras. Estas iniciativas, junto con una mayor concienciación y educación, desempeñarán un papel vital en la configuración del futuro de las criptomonedas ecológicas.

17

Contratos inteligentes y Bitcoin

17. Contratos inteligentes y Bitcoin

Los contratos inteligentes son contratos autoejecutables en los que los términos del acuerdo están escritos directamente en líneas de código. Estos contratos se ejecutan automáticamente cuando se cumplen las condiciones predeterminadas especificadas en el código. Si bien los contratos inteligentes a menudo se asocian con la cadena de bloques Ethereum, Bitcoin también admite una forma limitada de contratos inteligentes a través de su lenguaje de secuencias de comandos.

17.1 Lenguaje de secuencias de comandos Bitcoin

El lenguaje de programación de Bitcoin es un lenguaje de programación simple basado en pilas que permite a los usuarios definir las condiciones bajo las cuales se pueden gastar los fondos. En lugar de escribir programas complejos, el lenguaje de programación de Bitcoin está intencionalmente limitado y diseñado para ser seguro y evitar posibles vulnerabilidades.

El lenguaje de secuencias de comandos de Bitcoin permite a los usuarios crear varios tipos de transacciones de uso común, incluidas transacciones con múltiples firmas, transacciones con bloqueo de tiempo e intercambios atómicos. Estas características brindan mayor seguridad y flexibilidad a los usuarios de Bitcoin.

Echemos un vistazo más de cerca a algunos de los casos de uso de contratos inteligentes en Bitcoin.

17.2 Casos de uso de contratos inteligentes de Bitcoin

a) Transacciones con múltiples firmas: el lenguaje de programación de Bitcoin permite la creación de transacciones con múltiples firmas en las que se requiere más de una firma para gastar los fondos. Esto puede resultar particularmente útil para organizaciones o cuentas conjuntas donde varias partes necesitan aprobar transacciones. Por ejemplo, una empresa podría crear una dirección de firma múltiple 2 de 3 que requiera que dos de cada tres partes autorizadas aprueben las transacciones.

b) Transacciones con límite de tiempo: Bitcoin también admite transacciones con límite de tiempo donde los fondos están bloqueados y no se pueden gastar hasta un tiempo futuro específico o una altura de bloque. Las transacciones con límite de tiempo pueden ser útiles en varios escenarios, como garantizar el acceso retrasado a los fondos, crear servicios de depósito en garantía con plazos determinados o implementar pagos condicionales. Por ejemplo, un comerciante podría exigir que el pago de un cliente esté bloqueado en una transacción de tiempo limitado durante un período específico antes de que se liberen los fondos.

c) Intercambios atómicos: otro caso de uso de los contratos inteligentes de Bitcoin son los intercambios atómicos que permiten el intercambio de una criptomoneda por otra directamente entre diferentes redes blockchain sin necesidad de intermediarios. Los swaps atómicos se logran a través de contratos inteligentes que garantizan que ambas partes involucradas en el swap reciban las criptomonedas deseadas simultáneamente, reduciendo la necesidad de confianza y minimizando el riesgo de contraparte.

Si bien el lenguaje de programación de Bitcoin proporciona algunas funciones de contrato inteligente, es importante señalar que es menos expresivo y más limitado en comparación con plataformas como Ethereum.

17.3 Comparación con Ethereum y otras plataformas

Ethereum es ampliamente considerado como la plataforma líder para contratos inteligentes debido a su lenguaje de programación Solidity, más expresivo y completo de Turing. Solidity permite a los desarrolladores crear contratos inteligentes muy complejos con lógica y funcionalidad complejas. Los contratos inteligentes de Ethereum pueden interactuar entre sí permitiendo la creación de aplicaciones descentralizadas (DApps) en la cadena de bloques Ethereum.

Por el contrario, el lenguaje de escritura de Bitcoin es un lenguaje minimalista que carece de la capacidad de crear contratos inteligentes más sofisticados. El lenguaje de programación de Bitcoin fue diseñado intencionalmente para priorizar la seguridad y la simplicidad sobre la versatilidad. Esta elección de diseño reduce el riesgo de posibles errores y vulnerabilidades, pero limita los posibles casos de uso de contratos inteligentes en la red Bitcoin.

Otras plataformas blockchain como EOS NEO y Cardano también ofrecen sus propias funcionalidades de contratos inteligentes con distintos niveles de complejidad y características. Estas plataformas tienen como objetivo abordar algunas de las limitaciones que enfrentan Bitcoin y Ethereum al ofrecer mayor escalabilidad, interoperabilidad y entornos amigables para los desarrolladores.

17.4 Limitaciones y desafíos

Si bien la funcionalidad limitada de contrato inteligente de Bitcoin puede ser adecuada para ciertos casos de uso, plantea limitaciones en comparación con plataformas más sofisticadas como Ethereum. Algunos de los desafíos y limitaciones de la implementación de contratos inteligentes de Bitcoin incluyen:

a) Expresividad limitada: el lenguaje de programación de Bitcoin carece de la capacidad de crear bucles lógicos complejos y declaraciones condicionales, lo que dificulta la implementación de funcionalidades avanzadas de contratos inteligentes.

b) Costo y velocidad: el lenguaje de programación de Bitcoin puede ser menos eficiente en términos de costo y velocidad en comparación con otras plataformas. El diseño limitado del lenguaje de programación de Bitcoin requiere más operaciones para realizar ciertas tareas, lo que resulta en tarifas de transacción más altas y tiempos de confirmación más prolongados.

c) Capacidad de actualización: a diferencia de Ethereum, Bitcoin carece de un mecanismo integrado para la actualización de contratos inteligentes. Una vez que se implementa un script en la red Bitcoin, no se puede modificar ni mejorar sin crear una nueva transacción y afectar potencialmente todas las transacciones anteriores que dependen de ese script.

d) Escalabilidad: los desafíos de escalabilidad de Bitcoin también afectan a los contratos inteligentes. El tamaño de bloque limitado y el rendimiento de transacciones de la red Bitcoin pueden provocar congestión y retrasos en la ejecución de contratos inteligentes.

A pesar de estas limitaciones, la simplicidad y solidez de Bitcoin lo han convertido en una plataforma confiable para transacciones financieras y sus capacidades limitadas de contratos inteligentes aún pueden atender una variedad de casos de uso de manera segura.

Conclusión

Si bien el enfoque principal de Bitcoin es proporcionar un sistema de efectivo electrónico descentralizado entre pares, también ofrece algunas capacidades de contrato inteligente a través de su lenguaje de programación. Estos contratos inteligentes permiten la creación de transacciones con múltiples firmas, transacciones bloqueadas en el tiempo e intercambios atómicos que brindan mayor seguridad y flexibilidad a los usuarios de Bitcoin.

Sin embargo, es importante reconocer que la funcionalidad de los contratos inteligentes de Bitcoin es limitada en comparación con plataformas como Ethereum. El lenguaje de programación completo Turing de Ethereum permite la creación de contratos inteligentes más complejos y sofisticados que permiten el desarrollo de DApps y sistemas descentralizados más avanzados.

Sin embargo, el diseño minimalista de Bitcoin prioriza la seguridad y la simplicidad, convirtiéndolo en una plataforma robusta y confiable para transacciones financieras. Si bien sus capacidades de contrato inteligente pueden no ser tan amplias como las de otras plataformas, el enfoque de Bitcoin en la seguridad transaccional ha contribuido a su popularidad y relevancia duraderas en el espacio criptográfico.

18

Desarrollo de Bitcoin y código abierto

El desarrollo de Bitcoin y los principios del código abierto están estrechamente entrelazados, lo que da forma a la evolución de la criptomoneda. El código fuente de Bitcoin está abierto al público, lo que permite a cualquiera ver, modificar o proponer cambios en el protocolo. Esta transparencia fomenta un enfoque de desarrollo colaborativo y descentralizado, con una comunidad global de desarrolladores, conocida como el equipo Bitcoin Core, que trabaja continuamente en mejoras y mejoras de seguridad.

18.1 Desarrollo del protocolo y núcleo de Bitcoin

Bitcoin es una criptomoneda descentralizada que opera en una red de igual a igual. El desarrollo de Bitcoin está dirigido por un grupo de desarrolladores dedicados que trabajan para mejorar el software Bitcoin Core. Bitcoin Core es la implementación de referencia del protocolo Bitcoin y actúa como la columna vertebral de toda la red Bitcoin.

El desarrollo de Bitcoin Core implica una amplia gama de tareas que incluyen corrección de errores, mejoras de rendimiento, mejoras de seguridad y la implementación de nuevas funciones. Los desarrolladores contribuyen al proyecto revisando el código, proponiendo e implementando cambios y participando en debates con la comunidad para garantizar la estabilidad, la seguridad y la descentralización de la red Bitcoin.

Uno de los principios clave del desarrollo de Bitcoin es la colaboración de código abierto, lo que significa que cualquiera puede ver, modificar y compartir el código fuente de Bitcoin Core. Este enfoque abierto fomenta la transparencia, la confianza y la innovación al permitir que los desarrolladores de todo el mundo contribuyan al desarrollo de Bitcoin. También permite la revisión por pares, lo que permite identificar y corregir errores y vulnerabilidades más rápidamente.

El desarrollo de Bitcoin Core está impulsado principalmente por el equipo de desarrollo de Bitcoin Core, que consta de un grupo central de mantenedores y contribuyentes. Sin embargo, el proceso de desarrollo está abierto a cualquiera que quiera contribuir y hay varias formas para que los desarrolladores participen, como enviar informes de errores, proponer e implementar mejoras y participar en el proceso de revisión del código.

18.2 Contribuciones al ecosistema Bitcoin

La naturaleza de código abierto de Bitcoin ha llevado a la creación de un vasto ecosistema de proyectos y aplicaciones construidos sobre el protocolo Bitcoin. Estos proyectos abarcan una amplia gama de industrias y casos de uso, incluidas billeteras, intercambios, procesadores de pagos, aplicaciones descentralizadas (dApps y más).

El desarrollo de código abierto ha desempeñado un papel crucial en el crecimiento y la adopción de Bitcoin. Ha permitido a los desarrolladores aprovechar el trabajo de otros y aprovechar el software existente, reduciendo el tiempo y el esfuerzo necesarios para desarrollar nuevas aplicaciones. Esto ha llevado a un aumento de la innovación y al desarrollo de herramientas y servicios diversos y potentes que hacen que el uso de Bitcoin sea más accesible y seguro.

Por ejemplo, las carteras de Bitcoin son aplicaciones de software que permiten a los usuarios gestionar sus tenencias de Bitcoin. Existen numerosos proyectos de billetera Bitcoin disponibles tanto en plataformas móviles como de escritorio que ofrecen diferentes características y niveles de seguridad. Estas billeteras suelen ser de código abierto, lo que permite a los usuarios verificar el código y confiar en que sus fondos se almacenan de forma segura.

Otro ejemplo es Lightning Network, una solución de escalamiento de Capa 2 para Bitcoin. Utiliza contratos inteligentes para permitir transacciones fuera de la cadena rápidas y de bajo costo. Lightning Network es un proyecto de código abierto que ha sido desarrollado por múltiples equipos e individuos que contribuyen a su adopción generalizada y mejora continua.

El desarrollo de código abierto también fomenta la colaboración y el intercambio de conocimientos dentro de la comunidad Bitcoin. Los desarrolladores pueden colaborar entre sí, compartir ideas y aprender del trabajo de los demás. Este entorno colaborativo ha llevado a la formación de comunidades de desarrolladores de Bitcoin donde los desarrolladores se reúnen para discutir y trabajar en varios proyectos relacionados con Bitcoin, como las Propuestas de mejora de Bitcoin (BIP) y artículos de investigación.

18.3 Bifurcaciones y actualizaciones

La naturaleza de código abierto de Bitcoin también permite la posibilidad de bifurcaciones y actualizaciones del protocolo. Una bifurcación ocurre cuando hay una divergencia en la red Bitcoin que da como resultado dos cadenas de bloques separadas con reglas diferentes. Esto puede suceder debido a desacuerdos dentro de la comunidad o para implementar nuevas funciones, mejoras o correcciones del protocolo.

Ha habido varias bifurcaciones notables de Bitcoin, como Bitcoin Cash (BCH) y Bitcoin SV (BSV, que se crearon para aumentar el límite de tamaño de bloque y mejorar la escalabilidad. Estas bifurcaciones tenían como objetivo abordar los problemas de escalabilidad asociados con la capacidad limitada de transacciones de Bitcoin.

Las bifurcaciones pueden ser polémicas y generar debates y desacuerdos dentro de la comunidad. Sin embargo, también pueden ser una oportunidad para la innovación y la experimentación. Las bifurcaciones permiten a los desarrolladores probar nuevas ideas, implementar cambios más rápidamente y explorar enfoques alternativos para mejorar el protocolo Bitcoin.

Las actualizaciones del protocolo Bitcoin se proponen e implementan a través del proceso de propuesta de mejora de Bitcoin (BIP). Los BIP son documentos de diseño que describen nuevas características, mejoras o cambios en el protocolo Bitcoin. Los desarrolladores y miembros de la comunidad pueden enviar BIP para discusión y revisión y, si se aceptan, se pueden implementar en el código base de Bitcoin.

Las actualizaciones del protocolo pueden mejorar varios aspectos de la red Bitcoin, como la escalabilidad, la privacidad, la seguridad y la funcionalidad. Estas actualizaciones son cruciales para garantizar que Bitcoin siga siendo una moneda digital descentralizada sólida y segura.

18.4 Participación comunitaria

La participación de la comunidad es esencial para el desarrollo y crecimiento de Bitcoin. La comunidad de Bitcoin está formada por desarrolladores, usuarios, mineros, empresas y entusiastas que participan activamente en debates, contribuyen a proyectos y promueven la adopción de Bitcoin.

Una forma en que la comunidad se involucra es a través de reuniones y conferencias de Bitcoin. Estos eventos proporcionan una plataforma para que los desarrolladores y entusiastas compartan ideas y colaboren en proyectos relacionados con Bitcoin. También sirven como una oportunidad para educar a los recién llegados y crear conciencia sobre Bitcoin y su tecnología subyacente.

La comunidad Bitcoin también participa activamente en foros

y foros de discusión en línea. Plataformas como BitcoinTalk y Reddit son populares entre los miembros de la comunidad que discuten diversos aspectos de Bitcoin, hacen preguntas y comparten sus conocimientos y experiencias. Estas comunidades en línea brindan un espacio para que los desarrolladores interactúen con los usuarios y reciban comentarios sobre su trabajo.

Además, la comunidad apoya el desarrollo de Bitcoin a través de contribuciones financieras. Los desarrolladores de Bitcoin suelen depender de donaciones de la comunidad para financiar su trabajo. Muchos desarrolladores han creado direcciones de donación o campañas de financiación colectiva para recibir el apoyo de la comunidad.

La participación de la comunidad en el proceso de desarrollo juega un papel vital para garantizar que el protocolo Bitcoin permanezca descentralizado y resistente a influencias externas. Permite considerar una amplia gama de perspectivas e ideas y contribuye a la sostenibilidad a largo plazo de la red Bitcoin.

18.5 Construyendo sobre la cadena de bloques de Bitcoin

La naturaleza de código abierto de Bitcoin también permite a los desarrolladores construir sobre la cadena de bloques de Bitcoin creando nuevas plataformas de aplicaciones y servicios que aprovechan la seguridad y la descentralización de la red de Bitcoin.

Un ejemplo notable es el desarrollo de aplicaciones de finanzas descentralizadas (DeFi) en la cadena de bloques de Bitcoin.

DeFi se refiere al uso de la tecnología blockchain y las criptomonedas para recrear instrumentos financieros tradicionales, como préstamos y transacciones, de manera descentralizada y sin confianza. Han surgido varios proyectos que permiten préstamos y préstamos descentralizados en la cadena de bloques de Bitcoin, lo que permite a los usuarios ganar intereses sobre sus tenencias de Bitcoin o acceder a préstamos sin depender de instituciones financieras tradicionales.

Otro ejemplo es la integración de contratos inteligentes en la cadena de bloques de Bitcoin. Si bien el lenguaje de programación nativo de Bitcoin es limitado en comparación con otras plataformas blockchain como Ethereum, los desarrolladores han encontrado formas de habilitar la funcionalidad de contrato inteligente en la cadena de bloques de Bitcoin. Proyectos como Rootstock (RSK) y Liquid Network han introducido cadenas laterales que son compatibles con Bitcoin, lo que permite a los desarrolladores crear e implementar contratos inteligentes que interactúan con los activos de Bitcoin.

Además, los proyectos de código abierto han facilitado el desarrollo de procesadores de pagos de intercambios de billeteras Bitcoin y otras herramientas y servicios que facilitan a los usuarios la interacción con Bitcoin. Estos proyectos proporcionan una variedad de características que incluyen interfaces fáciles de usar, almacenamiento seguro y una integración perfecta con los sistemas financieros existentes.

Construir sobre la cadena de bloques de Bitcoin permite a los desarrolladores aprovechar la seguridad y la descentralización de la red de Bitcoin y, al mismo tiempo, brindar a los usuarios formas nuevas e innovadoras de interactuar con Bitcoin. Fomenta un ecosistema vibrante de aplicaciones que mejoran la funcionalidad de usabilidad y la adopción de Bitcoin.

En conclusión, la naturaleza de código abierto de Bitcoin ha sido fundamental en su desarrollo y crecimiento. La comunidad de Bitcoin, compuesta por desarrolladores, usuarios, mineros, empresas y entusiastas, contribuye activamente al desarrollo de Bitcoin Core y el protocolo. La colaboración de código abierto permite la transparencia de la innovación y la confianza dentro del ecosistema de Bitcoin. Ha llevado a la creación de diversos proyectos y aplicaciones construidas sobre la cadena de bloques de Bitcoin, como billeteras, intercambios, procesadores de pagos, plataformas DeFi y más. Las bifurcaciones y actualizaciones del protocolo Bitcoin garantizan su escalabilidad, seguridad y funcionalidad. La participación de la comunidad y el apoyo financiero juegan un papel vital en el sostenimiento del desarrollo de Bitcoin. El desarrollo general del código abierto y la participación de la comunidad han sido fundamentales para hacer de Bitcoin una criptomoneda descentralizada y ampliamente adoptada.

19

Bitcoin en un contexto global

Bitcoin ocupa una posición única en un contexto global como moneda digital descentralizada. Trasciende las fronteras tradicionales y permite transacciones transfronterizas e inclusión financiera para personas de todo el mundo. Su papel como depósito global de valor es cada vez más reconocido, y algunos lo consideran una protección contra la incertidumbre económica y la inflación. Sin embargo, los enfoques regulatorios y la aceptación de Bitcoin varían ampliamente entre países, lo que presenta un panorama complejo para su adopción y uso. La comunidad global de Bitcoin continúa abogando por su potencial para remodelar el sistema financiero global mientras navega por diversas perspectivas regulatorias y culturales sobre su papel en la economía global.

19.1 Adopción de Bitcoin en todo el mundo

Bitcoin, una moneda digital descentralizada, ha ganado una tracción significativa en todo el mundo desde su creación en 2009. La adopción de Bitcoin varía según los diferentes países y regiones: algunos lo adoptan como una nueva forma de pago y depósito de valor, mientras que otros son cautelosos o incluso hostiles hacia su integración en los principales sistemas financieros.

Uno de los factores clave que impulsan la adopción de Bitcoin es la inestabilidad económica. En países que experimentan altas tasas de inflación o estrictos controles de capital, las personas pueden recurrir a Bitcoin como protección contra la depreciación o como medio para eludir las restricciones a la transferencia de dinero al extranjero. Venezuela, por ejemplo, ha experimentado un aumento en la adopción de Bitcoin en los últimos años debido a su crisis económica hiperinflacionaria. Bitcoin proporciona a los venezolanos un almacenamiento seguro de valor y un medio para realizar transacciones internacionales.

Otro impulsor de la adopción de Bitcoin es el deseo de inclusión financiera. En países con sistemas bancarios subdesarrollados o una gran población no bancarizada, Bitcoin puede ofrecer un medio alternativo para acceder a servicios financieros. Por ejemplo, en África, donde una parte importante de la población carece de acceso a la banca tradicional, Bitcoin se utiliza como medio de intercambio y depósito de valor. Las plataformas móviles como BitPesa en Kenia facilitan las transacciones de Bitcoin y brindan servicios financieros a quienes no cuentan con servicios bancarios.

Además, los factores geopolíticos pueden influir en la adopción de Bitcoin. En países que enfrentan sanciones económicas o agitación política, Bitcoin puede ayudar a las personas a eludir las restricciones financieras y mantener el acceso a los mercados globales. Irán, por ejemplo, ha sido testigo de un aumento en la minería y el comercio de Bitcoin luego de las sanciones impuestas por Estados Unidos, que permitieron a los iraníes continuar participando en el comercio internacional.

19.2 Implicaciones geopolíticas

La naturaleza descentralizada de Bitcoin plantea desafíos y oportunidades a escala global. Los gobiernos y los bancos centrales tienen diferentes enfoques para la regulación de Bitcoin, que van desde adoptarlo como una forma legal de pago hasta prohibiciones absolutas. Esto conduce a implicaciones geopolíticas que pueden afectar los sistemas financieros globales y las relaciones diplomáticas.

Cuando los países adoptan Bitcoin, pueden beneficiarse de una mayor innovación e inversión en la tecnología blockchain que lo sustenta. Las naciones que tienen visión de futuro en su enfoque de la regulación de las criptomonedas pueden atraer nuevas empresas de blockchain y fomentar avances tecnológicos. Esto puede darles una ventaja competitiva en la economía digital y estimular el crecimiento económico.

Por otro lado, los gobiernos que ven a Bitcoin como una amenaza a su soberanía monetaria pueden intentar restringir o prohibir su uso. China, por ejemplo, ha impuesto regulaciones estrictas a los intercambios de Bitcoin y a las ofertas iniciales de monedas (ICO) para limitar las salidas de capital y controlar el flujo de activos digitales. Tales acciones pueden inhibir el desarrollo de la industria de las criptomonedas en esos países, lo que podría sofocar la innovación e impulsar el talento y el capital a otros lugares.

Además del impacto directo en los países individuales, la adopción global de Bitcoin también puede influir en las relaciones internacionales. Como las transacciones de Bitcoin no tienen fronteras y no dependen de intermediarios financieros tradicionales, pueden utilizarse para pagos y remesas transfronterizos sin pasar por los sistemas bancarios tradicionales. Esto puede complicar los esfuerzos regulatorios y potencialmente socavar la influencia de los bancos centrales.

19.3 Comercio transfronterizo y remesas

Bitcoin tiene el potencial de revolucionar el comercio y las remesas transfronterizas al proporcionar una alternativa rápida y de bajo costo a los sistemas de pago tradicionales. Los métodos tradicionales, como las transferencias electrónicas y los operadores de transferencias internacionales de dinero (MTO, por sus siglas en inglés) suelen ser lentos, costosos y sujetos a requisitos regulatorios complejos.

Bitcoin permite a personas y empresas enviar y recibir fondos directamente sin necesidad de intermediarios. Esto puede reducir significativamente las tarifas de transacción y las fricciones asociadas con los pagos transfronterizos. Además, la velocidad de las transacciones de Bitcoin puede resultar ventajosa para el comercio internacional, ya que elimina los retrasos asociados con las transferencias bancarias.

Los países con altos flujos de remesas, como India y Filipinas, han visto un mayor interés en Bitcoin como medio para reducir las tarifas y los tiempos de transferencia. Los servicios de remesas basados en Bitcoin como BitPesa y Coins.ph permiten a los usuarios enviar fondos al extranjero rápidamente y a una fracción del costo en comparación con los métodos tradicionales. Esto tiene el potencial de mejorar la inclusión financiera y ayudar a las familias de los países en desarrollo a recibir fondos del extranjero.

Sin embargo, existen desafíos para la adopción generalizada de Bitcoin en transacciones transfronterizas. Las preocupaciones regulatorias, como los requisitos contra el lavado de dinero (AML) y el conocimiento de su cliente (KYC), pueden obstaculizar la integración de las criptomonedas en el sistema financiero global. Además, la volatilidad del tipo de cambio y los problemas de liquidez pueden plantear desafíos para las empresas y las personas que buscan confiar en Bitcoin para transacciones transfronterizas.

19.4 Normas y tratados internacionales

Bitcoin opera en un panorama regulatorio global que aún está evolucionando. Si bien algunos países han adoptado las criptomonedas e implementado marcos regulatorios para regular su uso, otros han adoptado un enfoque más cauteloso o incluso hostil.

La falta de una autoridad centralizada que controle Bitcoin plantea desafíos para los reguladores. La naturaleza descentralizada de la criptomoneda dificulta imponer regulaciones financieras tradicionales y hacer cumplirlas. Sin embargo, se han realizado esfuerzos regulatorios para prevenir el lavado de dinero, la financiación del terrorismo y otras actividades ilícitas asociadas con las criptomonedas.

Algunos países han establecido marcos regulatorios claros para regular los intercambios de criptomonedas y las ofertas iniciales de monedas (ICO). Por ejemplo, Japón legalizó Bitcoin como forma de pago e introdujo un sistema de licencias para los intercambios de criptomonedas. Suiza también ha adoptado las criptomonedas mediante un enfoque regulatorio que equilibra la protección del consumidor con la innovación.

A nivel internacional, organizaciones como el Grupo de Acción Financiera Internacional (GAFI) han estado trabajando para establecer estándares globales para la regulación de las criptomonedas. Las directrices del GAFI tienen como objetivo abordar áreas como la identificación de clientes, la lucha contra el lavado de dinero y el intercambio de datos de transacciones transfronterizas. Estos esfuerzos son esenciales para garantizar la integridad del sistema financiero global y prevenir el uso indebido de criptomonedas con fines ilícitos.

Sin embargo, lograr un consenso global sobre la regulación de las criptomonedas sigue siendo un desafío. Los diferentes países tienen enfoques divergentes: algunos prohíben o restringen fuertemente las criptomonedas, mientras que otros son más permisivos. Como resultado, armonizar las regulaciones transfronterizas y facilitar la cooperación internacional sigue siendo un desafío importante.

19.5 Desafíos en los países en desarrollo

Si bien Bitcoin es prometedor para la inclusión financiera en los países en desarrollo, varios desafíos obstaculizan su adopción generalizada.

Uno de los principales obstáculos es la falta de acceso a Internet y de alfabetización digital. Bitcoin depende de una conexión a Internet y de dispositivos digitales, lo que limita su accesibilidad a quienes cuentan con la infraestructura necesaria. En muchos países en desarrollo, las tasas de penetración de Internet son bajas y una parte importante de la población carece de acceso a teléfonos inteligentes o computadoras. Abordar las brechas de infraestructura digital es crucial para ampliar la adopción de Bitcoin.

La volatilidad es otro desafío. El precio de Bitcoin puede fluctuar drásticamente, lo que dificulta que las personas y las empresas dependan de él como medio estable de intercambio o depósito de valor. Esta volatilidad es particularmente problemática para las personas de los países en desarrollo, que tienen más probabilidades de tener recursos financieros limitados. Las monedas estables, que son criptomonedas vinculadas a un activo estable como una moneda fiduciaria, podrían proporcionar una solución al reducir el impacto de la volatilidad de los precios.

Además, los obstáculos regulatorios pueden impedir la adopción de Bitcoin en los países en desarrollo. La falta de regulaciones claras o posturas hostiles por parte de los gobiernos pueden disuadir a las empresas de aceptar Bitcoin o obstaculizar el desarrollo de intercambios locales de criptomonedas. Desarrollar un marco regulatorio que equilibre la protección del consumidor con la innovación es crucial para fomentar la adopción de criptomonedas en estas regiones.

Además, la educación desempeña un papel fundamental a la hora de impulsar la adopción de Bitcoin. Es posible que muchas personas en los países en desarrollo no estén familiarizadas con las criptomonedas o tengan ideas erróneas sobre su uso y sus posibles beneficios. Las iniciativas educativas deberían centrarse en crear conciencia sobre la tecnología blockchain de Bitcoin y las oportunidades que ofrece para la inclusión financiera y el empoderamiento económico.

En conclusión, la adopción de Bitcoin varía en todo el mundo influenciada por factores económicos, geopolíticos y regulatorios. Si bien algunos países han adoptado Bitcoin como un medio de inclusión e innovación financiera, otros siguen siendo cautelosos o incluso hostiles hacia su integración en los sistemas financieros convencionales. Bitcoin tiene el potencial de revolucionar el comercio y las remesas transfronterizas ofreciendo alternativas rápidas y de bajo costo a los sistemas de pago tradicionales. Sin embargo, desafíos como la volatilidad del acceso a Internet de los marcos regulatorios y la alfabetización digital obstaculizan su adopción generalizada, especialmente en los países en desarrollo. Superar estas barreras será crucial para maximizar los beneficios potenciales de Bitcoin y la tecnología blockchain a escala global.

20

50 consejos importantes

50 consejos importantes a considerar antes de comprar Bitcoin:

1. **Edúquese** : comprenda qué es Bitcoin y cómo funciona antes de invertir.
2. **Empiece con algo pequeño** : especialmente si es nuevo en el mundo de las criptomonedas, comience con una pequeña inversión.
3. **Diversifique su cartera** : no invierta todo su dinero en Bitcoin; diversificarse entre diferentes activos.
4. **Perspectiva a largo plazo** : considere Bitcoin como una inversión a largo plazo en lugar de un plan para hacerse rico rápidamente.
5. **Utilice intercambios acreditados** : compre Bitcoin únicamente en intercambios reconocidos y confiables.
6. **Investigue intercambios** : compare tarifas, medidas de seguridad y reseñas de usuarios al elegir un intercambio.
7. **Asegure sus inversiones** : utilice carteras de hardware o carteras de software seguras para almacenar sus Bitcoin.
8. **Carteras de respaldo** : Tenga siempre copias de seguridad

de las claves privadas o frases de recuperación de su billetera.

9. **Tenga cuidado con las estafas** : tenga cuidado con los sitios web de phishing, los esquemas fraudulentos y los obsequios falsos.

10. **Autenticación de dos factores** : habilite 2FA en sus cuentas de intercambio y billetera para mayor seguridad.

11. **Manténgase informado** : manténgase al día con las noticias y desarrollos sobre criptomonedas.

12. **Comprenda la volatilidad** : los precios de Bitcoin pueden ser muy volátiles; Esté preparado para las fluctuaciones.

13. **Evaluación de riesgos** : Invierta sólo lo que pueda permitirse perder; No utilices dinero prestado.

14. **Obligaciones fiscales** : tenga en cuenta sus obligaciones fiscales relacionadas con las ganancias de Bitcoin.

15. **Evite el comercio emocional** : no tome decisiones impulsivas basadas en el miedo o la emoción.

16. **Utilice el promedio de costos en dólares** : invierta una cantidad fija a intervalos regulares para reducir el riesgo.

17. **Evite el Wi-Fi público** : no acceda a su billetera ni cambie cuentas en redes Wi-Fi públicas.

18. **Verifique las tarifas de transacción** : tenga en cuenta las tarifas de transacción, especialmente durante una alta congestión de la red.

19. **Verificar direcciones** : siempre verifique las direcciones de Bitcoin antes de enviar fondos.

20. **Evite FOMO** : el miedo a perderse algo puede llevar a malas decisiones de inversión; mantente racional.

21. **Guarde fondos de forma segura** : mantenga sus claves privadas y frases de recuperación fuera de línea y en lugares seguros.

22. **Reseñas de pares** : busque consejos e ideas de pares confiables en la comunidad criptográfica.

23. **Utilice contraseñas seguras** : cree contraseñas seguras y únicas para sus cuentas.

24. **Tenga cuidado con los esquemas de bombeo y descarga** : evite invertir en activos promocionados para obtener ganancias rápidas.

25. **Cumplimiento normativo** : asegúrese de cumplir con las regulaciones sobre criptomonedas de su país.

26. **Hodl Wisely** : No entre en pánico y venda durante las caídas del mercado; Tener una estrategia a largo plazo.

27. **Haga una copia de seguridad de todo** : haga una copia de seguridad periódica de la información de su billetera y cuenta.

28. **Analizar las tendencias del mercado** : utilice análisis técnicos y fundamentales para la toma de decisiones.

29. **Asegure su correo electrónico** : como suele estar vinculado a sus cuentas, asegure su correo electrónico con 2FA.

30. **Monedas de privacidad** : comprenda las características e implicaciones de las criptomonedas centradas en la privacidad.

31. **Almacenamiento en frío** : considere utilizar métodos de almacenamiento en frío para tenencias a largo plazo.

32. **Informes de impuestos** : mantenga registros de sus transacciones para fines de declaración de impuestos.

33. **Carteras de papel** : aprenda a crear y utilizar carteras de papel de forma segura.

34. **Foros de la comunidad criptográfica** : participe en foros criptográficos de buena reputación para obtener información.

35. **Evite el exceso de operaciones** : las operaciones frecuentes

pueden generar tarifas y pérdidas más altas.

36. **Investigue ICO y tokens** : si considera altcoins, investigue a fondo.

37. **No comparta claves privadas** : nunca comparta sus claves privadas con nadie.

38. **Pruebe pequeñas transacciones** : si prueba una nueva billetera o servicio, comience con una pequeña transacción de prueba.

39. **Comprenda los tipos de billetera** : los diferentes tipos de billetera (caliente, fría, móvil) tienen diferentes niveles de seguridad.

40. **Consulte las actualizaciones regulatorias** : esté al tanto de los cambios en las regulaciones de criptomonedas.

41. **Impuestos sobre criptomonedas** : consulte con un profesional de impuestos si tiene tenencias de criptomonedas complejas.

42. **Supervise los límites del intercambio** : verifique los límites de retiro y negociación en el intercambio elegido.

43. **Considere las carteras de hardware** : las carteras de hardware brindan alta seguridad para tenencias importantes.

44. **Evite la suplantación** : tenga cuidado con las cuentas de redes sociales que se hacen pasar por personas influyentes en criptomonedas.

45. **Actualizaciones de seguridad** : mantenga su billetera y software actualizados con los últimos parches de seguridad.

46. **Plan de Emergencia** : Prepare un plan para que sus seres queridos accedan a sus fondos en caso de una emergencia.

47. **Gestión de riesgos** : implemente una estrategia de gestión de riesgos para proteger sus inversiones.

48. **Semillas de respaldo** : almacene las semillas de recu-

peración de billetera de forma segura; son su último recurso.

49. **Revise su estrategia** : evalúe periódicamente su estrategia de inversión y ajústela si es necesario.

50. **Busque asesoramiento profesional** : consulte con asesores financieros o expertos en criptomonedas si es necesario.

www.ingramcontent.com/pod-product-compliance
Lightning Source LLC
Chambersburg PA
CBHW070948260726
48661CB00003B/1173